"中国劳模"系列丛书

U0588638

# 重返讲台的通信匠人
# 吴　明

李季蓉◎著

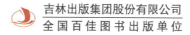

吉林出版集团股份有限公司
全国百佳图书出版单位

图书在版编目（CIP）数据

重返讲台的通信匠人：吴明 / 李季蓉著. -- 长春：
吉林出版集团股份有限公司，2025.3. --（"中国劳模"
系列丛书 / 徐强主编）. -- ISBN 978-7-5731-6292-2

Ⅰ. K826.16

中国国家版本馆CIP数据核字第20258TN423号

CHONGFAN JIANGTAI DE TONGXIN JIANGREN : WU MING

# 重返讲台的通信匠人：吴明

出 版 人　于　强
主　　编　徐　强
著　　者　李季蓉
组稿统筹　东北师范大学文学院创意写作研究中心
责任编辑　石榆淼
装帧设计　崔成威

出　　版　吉林出版集团股份有限公司
发　　行　吉林出版集团社科图书有限公司
地　　址　吉林省长春市南关区福祉大路5788号　邮编：130118
印　　刷　唐山富达印务有限公司
电　　话　0431-81629711（总编办）
抖 音 号　吉林出版集团社科图书有限公司　37009026326

开　　本　710 mm×1000 mm　1 / 16
印　　张　9.5
字　　数　100 千字
版　　次　2025 年 3 月第 1 版
印　　次　2025 年 3 月第 1 次印刷

书　　号　ISBN 978-7-5731-6292-2
定　　价　58.00 元

如有印装质量问题，请与市场营销中心联系调换。0431-81629729

# 序 言

　　劳动创造财富，劳动创造幸福，劳动创造未来。习近平总书记在 2020 年全国劳动模范和先进工作者表彰大会上的讲话中指出："全社会要崇尚劳动、见贤思齐，加大对劳动模范和先进工作者的宣传力度，讲好劳模故事、讲好劳动故事、讲好工匠故事，弘扬劳动最光荣、劳动最崇高、劳动最伟大、劳动最美丽的社会风尚。"当今世界，综合国力的竞争归根到底是科技人才和高素质劳动者的竞争。改革开放以来，我们强大的工人队伍用辛勤劳动和拼搏奉献推动中国制造、中国智造、中国创造走向世界的前列，新时代的中国面貌日新月异。大力弘扬劳模精神、劳动精神、工匠精神，加强高素质技能人才队伍建设，打造一支宏大的知识型、技能型、创新型劳动者队伍是伟大时代赋予我们的历史责任。

　　劳动模范是民族的精英、人民的楷模，是共和国的功臣。自改革开放以来，广大职工勇立改革潮头，独立自主，奋发图强，勇于创新，其中涌现出一批批全国劳模和大国工匠，他们参与建设了代表中国高度、中国速度、中国深度的一系列重大工程，提升了国家实力，打造了"中国名片"，树立了"中国品牌"，增添了"中国力量"，充分释放出工人阶级的创新活力，展示出大国工匠强大的创造能力。他们以工人阶级的满腔热忱在各自平凡的工作岗位上创造了辉煌的业绩，书写了新时代的壮丽篇章。

爱岗敬业、争创一流、艰苦奋斗、勇于创新、淡泊名利、甘于奉献的劳模精神，崇尚劳动、热爱劳动、辛勤劳动、诚实劳动的劳动精神和执着专注、精益求精、一丝不苟、追求卓越的工匠精神，是广大劳动群众在社会生产实践中锤炼形成的弥足珍贵的精神财富，是工人阶级伟大品格的具体体现，是民族精神和时代精神的生动体现。民族复兴需要劳动模范，祖国强盛需要大国工匠，中国制造、中国智造、中国创造更需要大国工匠的强有力支撑。劳模、工匠等的成长故事、先进事迹中承载的劳模精神、劳动精神和工匠精神，是激励全国各族人民团结奋斗、勇往直前的强大精神力量。

"中国劳模"系列丛书，采用图文结合的方式，讲述全国劳模、大国工匠和先进工作者的成长经历及他们追梦、筑梦、圆梦的故事，用他们在平凡岗位上创造不平凡业绩的真实故事感染读者，形成劳动最光荣、劳动最崇高、劳动最伟大、劳动最美丽的社会风尚，引导广大技术工人和青少年形成劳动光荣、技能宝贵、创造伟大的观念。

"匠心筑梦，强国有我。"新时代是一个万象更新、生机勃勃的时代，也是一个继往开来、创新创业和建功立业的大时代。希望广大读者能以劳动模范为榜样，以大国工匠为楷模，立志技能报国、技术强国，踔厉奋发，勇毅前行，锤炼思想品格，汲取劳动智慧，勇于担当、勤于钻研、甘于奉献，为推进新型工业化和乡村振兴，为加快建设制造强国、质量强国、航天强国、交通强国、网络强国、数字中国、农业强国，全面建设社会主义现代化国家贡献青春力量。

中华全国总工会副主席（兼）

中国航天科技集团有限公司第一研究院

211 厂 14 车间高凤林班组组长

2022 年 11 月

扫码解锁

◉群英颂歌 ◉匠心传承
◉技能强国 ◉奋斗底色

## 传主简介

　　吴明，1957年生，中共党员。曾任中国联通河北省分公司技术经理。中国联通领军人才，二级教授、高级工程师，享受国务院政府特殊津贴专家。

　　1983年，毕业于空军电讯工程学院的吴明被选定留校任教。1990年，吴明从部队转业回到河北，成为通信行业的一员。在工作中，他刻苦钻研，始终走在科技创新前沿，相继研发一系列服务于通信行业的创新产品，成功攻克通信基站和光缆维护中的关键技术难题，取得了突出的经济效益和社会效益。他还带头建立河北省第一批省级职工创新工作室。工作室成立后，他带领团队成员不断探索、持续钻研，先后解决通信基站防雷、高电耗等技术难题，获得省级以上科技成果奖38项。其中，3项成果达到世界先进技术水平，12项创新产品通过国家级产品质量检测认证。如今，这些创新成果已在全国范围内广泛应用，累计创造经济效益19.36亿元。吴明秉持"有一分热，发一分光"的信念，在我国通信事业的沃土上深耕细作。

2002年，荣获河北省优秀发明者称号。

2004年，被授予中央企业劳动模范和全国技术能手荣誉称号。

2008年，荣获第一届河北省十大金牌工人、河北省百名能工巧匠称号。

2010年，全国五一劳动奖章、全国劳动模范、中央企业劳动模范等称号。

2012年，荣获国家技能人才培育突出贡献奖称号。

2013年，荣获河北省十佳发明家称号。

2014年，荣获全国优秀科技工作者称号；他领导的吴明劳模创新工作室被命名为全国示范性劳模创新工作室。

2020年，吴明受聘为石家庄理工职业学院全职教授。

2023年，吴明劳模创新工作室被命名为全国劳模吴明技术技能大师工作室。

如今，吴明仍坚守在三尺讲台上，甘愿做一名勤劳的园丁，全身心地投入教学工作和学院的其他事业之中，继续用自己的才智浇灌这片知识的沃土，力争培养出更多国家需要的高技能人才。

# 目　录

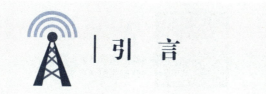 引 言

扫码解锁

◉群英颂歌 ◉匠心传承
◉技能强国 ◉奋斗底色

# 高考前一次特殊的动员

2018 年 5 月，和风吹拂着柳条，在山西省一所重点中学的校园内，高三学子们人生中的第一个冲刺倒计时已悄然开始。

校园里弥漫着"决战高考"的紧张气氛：教室、宿舍，甚至是食堂的墙上，到处都张贴着各类励志标语。操场上少了许多活蹦乱跳的学生的身影，教室里不停地传出翻动卷子的声音。学生像一盘不断被拧紧的发条，不断地在自我加压、加压再加压……而这一切的努力，都是在为走好以后的人生道路添砖加瓦。

面对眼前的一切，吴明陷入沉思：高考绝不仅仅是为了考个好大学、找个好工作那么简单，更重要的是，要让学生懂得"学习为了什么"这个更深层次的道理，树立报效国家、为中华之崛起而读书的坚定人生信念。这也是他受邀再次走进这所学校，为即将参加高考的学弟学妹们举办讲座，为正处在迷茫时期的学子们提供些指引的原因。

不远处，学校公告栏的海报上赫然写着："吴明，现任石家庄理工职业学院教授，教授级高级工程师，享国务院政府特殊津贴专家，中国联通领军人才。曾获得全国劳动模范、全国五一劳动奖章、中央企业劳动模范、全国优秀科技工作者、全国技术能手、全国技能人才培育突出贡献者、第一届河北省十大金牌工人、第一届河北省百名能工巧匠、河北省十佳发明家、河北省优秀发明者等荣誉，在科技创新领域连续取得一系列突出成就，是我国通信行业知名的科技创新专家……"

经过此处的同学们看到海报，都忍不住对这位优秀的学长产生极大的好奇。高三学子们更是早早地集结在操场上，等待聆听吴明的讲座。

于是，在时光贵如金的高考决战前夕，吴明站在母校的讲台上。他演讲的题目正是"学习为了什么"。

吴明曾随父母工作调动来到山西，并在这所学校完成初中学业。面对熟悉的校舍，看着眼前可亲可爱的学弟学妹们，他从自身经历讲起，和同学们一起回顾他求学、从军、工作的经历，讲述自己在科研道路上矢志不移、拼搏创新的历程，用自己的亲身经历激励同学们志存高远、刻苦钻研。围绕报告主题，吴明还向同学们传授科技创新思维的养成方法，鼓励同学们敢于树立远大的志向，勇于实现宏大的目标。

吴明还从科技在军事、国防、生活等方面的应用谈起，生动地说明当代科技发展与人们日常生活的关系，以及科技对国家富强、民族复兴的重大意义。他列举我国在高端材料、芯片等先进技术方面同国际先进水平的差距，还讲述近代中国因科技落后而遭受侵略的历史。

在讲座即将结束之际，吴明语重心长地对同学们说："习近平总书记曾说，落后就要挨打，发展才能自强。今天，推动高质量发展，推进强国建设和民族复兴的重任就落到你们这一代身上，这是时代赋予你们的神圣使命。现在你们努力学习、刻苦钻研，正是为了实现这一崇高的理想！高考绝不只是为了上一个好大学、将来好找工作，而是为了学到更多更深的知识，去报效祖国！"在讲座的最后，他还寄语同学们：要有理想、有抱负，为了中华的崛起而读书！

吴明的讲座整整持续一个上午，台下几千名学弟学妹静静地看着这位昔日的学长，全神贯注地听着他那朴实而又饱含真情的讲述。这场讲座激发了他们的责任感和使命感，也开阔了他们的视野，使他们放眼未来，树立起为建设国家而努力学习的决心。

果不其然，高考成绩公布后，捷报频频传来。校长激动地对吴明说，这次高考共有 9 位学子考上清华大学和北京大学，本科上线率高达 97.4%，取得该校有史以来的最好成绩，使学校再次蝉联该地区的"高考冠军"。

更令人称奇的是，当年的高考作文题目（全国 I 卷）为："……你们与新世纪的中国一路同行、成长，和中国的新时代一起追梦、圆梦。以上材料触发了你怎样的联想和思考？请据此写一篇文章，想象它装进'时光瓶'留待 2035 年开启，给那时 18 岁的一代人阅读。"

这个主题恰好与吴明的讲座内容相契合。吴明的讲座当时就给同学们的心灵深处留下强烈的震撼与联想，当在考场上看到这个主题时，同学们无一不有感而发，行云流水、一气呵成地把切身感受倾诉于笔端，更有同学直接引用当时讲座的标题——"学习为了什么"。

从那以后，只要有空，吴明每年都会返回母校做一些公益宣讲活动。不仅仅是为了感谢母校的培养之恩，更重要的是，他要用自己的亲身经历告诉学弟学妹们：只有把自己同祖国的未来紧紧联系在一起，才能站得更高、看得更远，最终成为一个有理想、有抱负、对社会有贡献的人。

如今，吴明的照片和事迹记录依然陈列在学校的荣誉室里。每当新生入学，学校都会组织同学们参观，将其作为激励同学们发愤苦学的"励志加油站"。

第一章　部队大院里的童年

扫码解锁

◉群英颂歌 ◉匠心传承
◉技能强国 ◉奋斗底色

# 心中的一粒种子

"春争日，夏争时，万物宜早不宜迟。"求知探索的这枚种子，早在吴明年幼时就已种下。

1957 年 7 月，吴明出生在北京西郊的一个部队大院里。作为军人的后代，吴明从小在部队中长大。他小时候接触最多的物件，莫过于院子里让人眼花缭乱的军用装备。小到精巧的各式枪械，大到威武的火炮、装甲车、坦克，这些装备模型都是大院里的孩子们能亲眼见到、亲手摸到的"玩具"。每当夕阳西下，放学的铃声响起，或是周末的闲暇时光，总能见到一群身披父母旧军装、头戴大号军帽的小身影，围着院里的军用装备追逐打闹，直到玩累了，才意犹未尽地跑回家。

然而，对于吴明而言，最令他心驰神往的，并非这些装备模型，而是部队中的无线电设备。在大院的深处，机房仿佛是一个神秘的世界。那里矗立着无数高耸入云的天线，它们宛如大地的触角，通过细密的电线与地面相连，机房里面终日回荡着"滴滴答答"的声音。

当时年仅 5 岁的吴明好奇极了，他总是缠着爸爸问："那是什么呀？"

爸爸告诉他："那是无线电台，是用来与非常远的地方的人通话用的。我们这边说的话，通过天线能传到很远很远的地方，同样，那边的人说的话也能通过天线接收过来。"

"那人声是怎么从天线里跑过去的呢？"吴明惊奇地问。

爸爸说："这是科学，要明白里面的奥秘，你以后就要好好读书，学习不好是搞不明白的。"

正是父亲这一席话，在吴明幼小的心灵里悄然播下一颗求知的种子，让他在懵懂之中初次领悟到学习的意义。从这天起，吴明心中燃起一股强烈的渴望，他想要深入探究这些奇妙事物的内在原理，揭开它们神秘的面纱。

## 动手小达人

20世纪60年代，我国的科技尚处于起步阶段。当时的收音机多采用电子管技术，每当工作时，内部的电子管便如同小灯泡一般闪闪发亮。人们一般根据电子管的数量来命名收音机，有几个管就称为几灯收音机。

8岁的吴明刚上小学三年级，对于充满好奇心的他而言，家中的收音机无疑是一个"神秘的宝贝"。他经常兴致勃勃地拆开收音机的后背板，仔细观察其内部结构，数着那些发亮的电子管，然后骄傲地向父母展示他的发现，告诉他们这是几灯的收音机。

受到家人的鼓励与表扬后，吴明的探索热情更为高涨。他兴奋地跑到其他拥有收音机的小朋友家中，用他那灵巧的小手，轻松地将那些体积较大的电子管收音机的后背板拆卸开来。当时的收音机背板采用的是活动卡子设计，拆卸异常简便。吴明拆解得越来越多，他常常一边数电子管，一边享受周围小伙伴们投来的钦佩与羡慕的目光。

当时社会上还流行组装矿石收音机。所谓矿石收音机，其实就是一个用无源可调谐二极管直接检波的调幅波接收器。这种机器最大的特点是不用电源且构造简单，只需几个元件，按安装图连接好后即可成为一台收音机。虽然安装好后因为声音太小，只能戴着耳机收听，但这在当时已经是很新奇的物件。

当吴明看到周围有人组装好矿石收音机时，心中便萌生自己也动手组装一个的想法。然而，组装虽易，零件却难寻且价格不菲。双联电容器、检波二极管（即矿石）及一副耳机，每样均需1元多，总计5元多。这在当时月薪普遍仅为30多元的社会背景下，无疑是一笔不小的开销。

爸爸看到吴明对此有强烈的兴趣，被他的执着打动，费尽周折，从报废器材中搜集到这些零件，为他圆了这个梦。

当爸爸带着这些珍贵的零件回家时，吴明兴奋得几乎要跳起来。他小心翼翼地将它们捧在手中，一遍又一遍地端详。此时，这些零件在他眼中，无疑是世间最宝贵的礼物。

为了帮助吴明组装矿石收音机，爸爸还特地借来火烙铁、钳子等焊接与安装工具。看着这些工具，吴明心中早已迫不及待：他终于有机会像高年级的同学那样，亲手组装出属于自己的作品了。

零件已准备齐全，组装马上开始。

尽管吴明从没装过矿石收音机，但多日的观摩学习已让他对矿石收音机的构造了如指掌：哪个零件装在哪里，线路怎样连接……甚至整个线路图都已被他牢牢记在心里。

组装过程非常顺利，吴明很快便大功告成。为了增强收音效果，爸爸妈妈还特地在门前竖起一根长长的木杆，顶端用铁丝弯成圆环作为接收天线，木杆下深埋一根铁棍作为地线。如此，一切准备就绪。

试机当天，门前的天线杆下围满前来看热闹的小伙伴，吴明的心情紧张得不行，他生怕收音机会出现差错。

在爸爸妈妈的鼓励下，吴明逐渐平复心情，有条不紊地连接好所有线路。众人屏息以待，不久，耳机中便传来清晰可闻的广播声！那一刻，在场的每一个人都激动不已，他们仿佛见证了奇迹的发生。

吴明轻轻转动选台旋钮，竟还能收听到好几个广播电台的讯号。小伙伴们纷纷蹦跳着拍手喝彩，后来竟一拥而上，竞相争抢，都想戴上耳机，亲耳听听那里面的声音，感受一下组装的矿石收音机的魅力。那场面真比过年还要热闹。

一个年仅 8 岁的孩童，竟能独立组装出一台无需电力驱动的收音机，这在当年的部队大院里算得上一件"新鲜事"。从此，大人们见面就夸奖他聪明能干，小伙伴们更是对他崇拜有加，都想像他一样拥有一台自己动手组装的收音机。

自那时起，一股亲手组装矿石收音机的热潮在部队的家属院中悄然兴起。不久之后，家属院里便陆续竖起一根根接收天线，而这些天线之下连接的，正是吴明带领他那群满怀热情的小伙伴们亲手组装的矿石收音机。

尽管吴明直到很多年以后才彻底搞清楚这台收音机的工作原理，但这件事在当时已大大激发了他的求知欲望，为他以后走上科技创新之路奠定基础。

扫码解锁

◉群英颂歌 ◉匠心传承
◉技能强国 ◉奋斗底色

第二章　戴上"五角星"

扫码解锁

◉群英颂歌 ◉匠心传承
◉技能强国 ◉奋斗底色

# 风华正茂的年代

1968年冬天，吴明随父母工作调动前往山西，在那里度过他的中学时期。他学习刻苦努力，年年考试都成绩优异。然而，在那个年代，生长在部队大院的军人子女绝大多数都选择参军入伍的道路，吴明也不例外。

1973年，16岁的吴明怀揣着满腔的报国热忱，在时代的洪流之中义无反顾地踏上成为空军战士的征程。

入伍照上，吴明戴着一顶崭新的军帽，帽上有一枚五角星闪闪发亮。他意气风发，眼神中闪烁着光芒，自信地笑着，展现出那个时代年轻人为祖国奋力拼搏的豪迈气概。

参军容易，而真正进入部队，尤其是到基层一线的部队去生活、训练，才是吴明人生磨砺的真正起点。

1973年元月，一列满载新兵的列车轰鸣着向西行进，历经四天五夜的漫长旅程，终于抵达我国西部戈壁滩上的一座偏远小站。随后，他们换乘军用大卡车，继续深入戈壁腹地，又经过一整天的颠簸，才最终抵达驻地。

吴明即将前往的部队驻地，位于我国新疆，其位置已深入塔克拉玛干沙漠腹地逾 300 多公里。

刚下车的吴明四下望去，眼前是他从未踏足过的一片广袤天地。一望无际的沙漠戈壁滩上，只有一簇簇的骆驼刺。这里方圆数百里，人迹罕至，仅有几处少数民族村落点缀其间，为这片苍茫之地增添几分生气。

望着这浩瀚无垠的自然景观，吴明内心为祖国的壮丽山河而感慨万千，心中为国守护边疆的豪情有增无减。面对如此严酷的自然环境，他也早已暗暗做好迎接挑战的准备。

对新兵们而言，驻地的极端气候无疑是第一个严峻的考验。当地冬季，最低气温可降至零下 30 多摄氏度；而夏季正午时分，沙漠地表的温度则能飙升至 50 摄氏度以上。这里无论寒暑，都是狂风不息。

为了适应特殊的环境，部队的营房都建设成半地下式结构，建筑体足有三分之二的部分深埋于地下，而露出地面的部分高度不足一米。之所以采用这样的构造，一是为满足冬天保暖、夏季避暑的需要；二是因为这里的风沙太大，经常狂风大作，刮得天昏地暗，高大的建筑极易在强风中受损，甚至被掀翻，从而威胁到人员的安全。半地下式营房虽有冬暖夏凉的好处，但四面透风，弥漫着浓重的沙土气息。初到之时，吴明常常因此辗转反侧、难以入眠。

⊙ 1973年元月，刚入伍时的吴明

驻地的水源也极度匮乏，生活用水需依靠下雨时收集到地窖里的存水维持。而在荒凉贫瘠的沙漠地带，一年中降水的日子是少之又少。为了不与当地村民争夺珍贵的水资源，部队大部分所需用水依靠水车每周一次从百公里外的师部驻地拉来。部队在水资源的分配上实行生活用水定量制度，每人每天仅分配一桶水用于生活，而饮用水不受限制。早晨起床后，战士们会将洗脸后的水留下洗衣服，洗衣服时也是先洗内衣，再洗外衣，之后再用这水来洗袜子和鞋子，最后将剩下的水泼在门前湿地，以防止地面起沙。

然而，在这恶劣的环境中，最可怕且人力最难以克服的，莫过于当地的沙尘暴。这种沙尘暴一般在夏秋季节最容易形成，风一旦刮起来，遮天蔽日，飞沙走石。方圆十几公里内，天昏地暗，日月无光。风沙最为肆虐之时，整个村子都有可能会被黄沙掩埋。

吴明就亲身经历过这样一场惊心动魄的沙尘暴。

## 沙漠遇险记

1973 年的秋季，吴明入伍刚满 8 个月。

一日，部队接到指示，我国试射的一枚导弹落到塔克拉玛干沙漠的腹地靶场，需立即派遣人员前往回收导弹头。由于吴明入伍后训练刻苦，各科业务技术考核成绩都名列前茅，领导便指派他担任无线电员，携带一部车载电台，随车执行此次通信保障任务。

吴明所在部队的驻地距离沙漠腹地 300 多公里，是距离靶场最近的部队。由于部队经常执行此类回收任务，因此在出发时，大家都以为这只是一次例行的普通任务。

执行这次任务的成员加上司机共有 7 名战士，由一名姓张的排长领队。他们乘坐的是一辆盖着军绿色篷布的解放牌 CA30 型越野卡车。出发前进行物资准备时，除了吴明携带的电台外，大家还准备了充足的给养：两保温桶清水、20 公斤的军用压缩饼干、牛肉和豆皮罐头各一箱；武器装备方面，配备冲锋枪 5 支，手枪 2 支。此外，每人随身携带一件御寒用的皮大衣、一个军用水壶和一个挎包，轻装上阵，以备不时之需。

本次回收任务的计划为：战士们须清晨 5 点起床，6 点整准时出发，预计晚上 9 点左右抵达靶场，完成导弹头的搜寻与装载工作。随后，在靶场外寻找一处开阔地带过夜，次日清晨 6 点启程返回，预计晚上 9 点左右就能够安全回到驻地。

当日早晨，队伍从驻地出发时，天气晴朗，万里无云。一路上行进顺利，大家有说有笑，有效缓解了长途跋涉带来的单调与疲惫。

下午 4 点多，车行进至一处沙包附近，此处已经接近导弹落点。正当大家瞪大眼睛开始四下搜寻的时候，车上一位经验丰富的老兵突然指着远处惊呼起来："糟了！"汽车停下后，排长探出驾驶室一看，也连呼大事不好。

原来，一场突如其来的沙暴正迅速逼近。只见前方十几公里处的地平线上，黑黄色的尘雾上下翻滚，如滔天巨浪一般，正向他们这边奔涌而来。没过多久，沙暴距离他们已不足 10 公里，最多再过十几分钟，这场巨大的沙暴就会将他们完全吞噬。

沙暴的速度比汽车快得多，躲避已无可能。于是排长当机立断，命令司机立即调转车头，顺着来时的路线，驶至一处宽阔平坦的区域停车。同时，他命令吴明迅速打开电台，向师部报告当前方位和遇险情况，并让车厢里的战士加固篷布，将车厢密封起来。做好这一切后，战士们把毛巾用水浸湿，捂住口鼻，用皮大衣紧紧包裹住头部，并列躺在车厢内，静静等待沙暴的到来。

吴明刚刚完成对师部的紧急报告，还未等到回复，沙暴便如猛兽般骤然而至。为了保护珍贵的电台设备，他迅速关机并将其收进设备箱中。此时车外的沙暴已经打得篷布砰砰乱响，车厢也开始剧烈摇晃起来。吴明来不及用湿毛巾捂住口鼻，只能匆忙抓起一件皮大衣罩在头上，趴倒在车厢内。

沙暴终于降临。风沙如怒海狂涛般猛烈地捶打着汽车，一波接着一波，仿佛要将篷布彻底撕碎。尽管车厢已加固，但风沙还是灌进来不少，车内到处弥漫着沙尘，战士们的视线开始变得模糊，呼吸也愈发艰难。随着时间的推移，战士们感到头上的大衣越来越重，身边的空间逐渐被沙子一点点吞噬，胸口开始出现憋闷，呼吸变得非常急促。

这场沙暴整整持续一个多小时。在大家即将坚持不住的时候，沙暴终于停息，一切重新归于平静。

战士们掀开身上的大衣时，惊讶地发现自己几乎要被灌进车厢里的沙子完全掩埋。车身也即将被沙子完全掩埋，仅剩距车顶篷约10厘米的空间露在外面，驾驶室和车头更是完全被沙子掩埋，两个车门也打不开。排长和司机只得将驾驶室后窗的玻璃卸掉，然后才艰难地爬进后面的车厢。

大家用刀将车厢顶部的篷布割开一个大洞，费尽九牛二虎之力，终于从车厢内爬出来。眼前的景象令他们惊呆了：车身已经被掩埋在沙海之中，车顶露出的绿色篷布，就像沙海里漂浮着的一片孤零零的小树叶。风暴带来的沙子将这一片区域"垫高"两米多，形成一片松软的沙海。原来附近的沙包被向后推移200多米，变成一道连绵起伏的沙梁，原先的地貌被完全改变。如果沙暴再持续半个小时，汽车恐怕就会被沙子完全填埋，后果不堪设想。

在茫茫大漠中，他们几个人无疑到了生死存亡的危急关头。而吴明所携带的电台，成为这几名战士求生路上最后也是唯一的希望。

吴明第一个从车顶爬出来后，把电台也带了出来，随即便通过它与师部重新取得联系。为了确保通信的畅通无阻，为后续救援行动提供有力保障，吴明还主动沟通呼叫，确保了与周边兄弟部队台站的联络。之后这部电台一直处于开机的工作状态，吴明则始终守在电台旁，做好每一次信息的上传下达工作。直到3天后，救援直升机盘旋而至，他才把电台关机与战友们踏上返程，圆满地完成此次通信保障任务。

那么，这部小小的电台究竟是如何保证连续通信三天而不断电的呢？这背后离不开吴明的精心准备与缜密安排。

原本，此次任务计划在两天内完成，并未明确要求携带备用电池。但吴明出发前还是做了更周全的考虑：他不仅额外携带一块备用电池，还把平日训练中都鲜少使用的便携式手摇发电机也带上了。通过交替使用备用电池和发电机，吴明确保了电台的持续供电。正是由于这些未雨绸缪的准备，才使得他们与部队的联系始终畅通，在当时极其危险的情况下为大家提供至关重要的保障，为几人的获救创造条件。

作为一名入伍仅8个月的新战士，吴明在首次执行任务时便展现出超出其年龄与经历的周全思考与冷静判断，其表现赢得上级单位的高度认可和广泛赞誉。此次遇险经历后来还被刊登在当年的《解放军报》上，以此来警醒战士们：执行任务时，要保持冷静，临危不乱；且要向吴明学习，提前预想到最坏的可能性，并据此在出发前做好万全的准备。

## "放不下"的书本

刚入伍时，吴明就凭借自身出色的专业能力，被分配到无线电台班担任无线电员，这也让他有更多的机会接触无线电知识和设备。从那时起，他就暗下决心：一定要在理论上全面攻克无线电技术这座"堡垒"。

为了实现这一抱负，吴明请父母从家寄来无线电相关的专业书籍，从此便开始自学之路。

鉴于驻地交通的不便，吴明父母寄来的书籍往往需要历经十天甚至更久的"跋涉"才能抵达他的手中。因此，他分外珍惜研读每一本书的机会，许多书籍，他不仅熟读过两遍、三遍，有些甚至达到倒背如流的程度。大量的知识积累和扩充也让他在无线电专业领域取得长足的进步，吴明愈发自信满满。

刘向曾言，"耳闻之不如目见之，目见之不如足践之"。机遇总是青睐有准备的人。不久之后，吴明通过刻苦钻研书本上的无线电理论知识，终于迎来付诸实践的机会。

吴明所在部队驻地附近散落着几处少数民族聚居的村落，主要居住着维吾尔族、哈萨克族、蒙古族、俄罗斯族的同胞。平日里，吴明与他的战友们时常协助乡亲们修渠、灌溉、收割等。其中，村庄最早建设的几座坎儿井也是大家一起合作修建的，军民关系十分融洽。

一次，部队又前往附近的维吾尔族公社，协助村生产队修复水渠。其间，一位年迈的维吾尔族大队支部书记向带队营教导员提出请求，说他们大队部的收扩音机已发生故障半年有余，想打听部队中有没有懂电器修理的小同志，帮他们修理一下。

教导员闻言，当即就把吴明叫来，派他前往大队部一探究竟。正巧此时的吴明刚刚自学完收扩音机的理论原理，但还从未面对过实际修理的情况，此次任务刚好为他提供宝贵的实践机会，可以检验一下这段时间的学习成果。

来到大队部，吴明仔细地擦拭机器上的灰尘，小心翼翼地拆解机盖后，他发现这台收扩音机所用的还是老式的电子管结构，同他小时候拆解收音机时所见的电子管结构一样。凭借儿时经验，他认为电子管的亮灭状态是判断其好坏的关键。如果电子管是亮着的，那大概率能说明这个电子管是好的；如果不亮，那可能是电子管烧坏了，只要更换电子管就可能解决问题。

给收扩音机通电测试以后，吴明果然发现有一只电子管未能点亮。因为电子管是易损件，故障率较高，所以吴明推断旧管已经损坏，当务之急是更换新管。

吴明把不亮的管子拔下来，拿回驻地后，自掏腰包，拿出自己津贴的一半，托送水的师部司机根据管上的型号代买了一只新管。

下一次送水时，送水司机带来了新管。吴明再次来到大队部，换好新管后，他心中不免有些忐忑，因为这毕竟是他第一次动手修理电子设备，结果是好是坏他心中并无把握。

然而，接通电源的那一刻，室外大喇叭清晰地传出声音。大队支部书记与一位维吾尔族播音员姑娘随即进入播音室开始播报，村民们纷纷聚拢，聚精会神地聆听。

事后，大队支部书记向教导员表达感激之情时说："我们这村子，居住很分散，以前召集大伙说事，主要依靠收扩音机。半年前收扩音机坏了，想通知个事情就很不方便。现在你们的同志终于给我们修好了，非常感谢你们，解放军同志，亚克西[1]！"

几天后，两辆满载白兰瓜的小毛驴车走进部队大院，领头的正是那位维吾尔族大队支部支书。部队领导经过一番询问，才得知是因为吴明那天修好了收扩音机，大队支部支书今天特地来感谢，但却不知道那位小战士的名字。

教导员一听便知是吴明，连忙将他唤至大门口。维吾尔族大叔一眼就认出了吴明，紧紧拉着他的手说："小同志，你帮助我们修渠，帮助我们干农活儿，现在又帮我们修好收扩音机，今天

---

[1]亚克西：维吾尔语的音译，意为"优秀""好"。

我们是专程来表达感谢的。这些白兰瓜请一定要收下，不要客气！"白兰瓜是新疆地区的特产水果，皮薄肉甜、清热健脾。种植白兰瓜也是当地民众的主要收入来源之一。吴明看着老乡们辛苦栽种的本用于售卖的白兰瓜，心中十分感动。最终，吴明坚持用钱买下了这些白兰瓜。

晚上，部队专门召开全营大会表扬吴明，强调"军民一家亲"是战胜敌人的法宝，要以吴明为榜样，搞好民族团结，肩负起建设边疆、保卫边疆的神圣使命。

一件偶然遇到的小事，让吴明第一次用自己的理论知识指导实践并获得成功。那天，吴明和全班的战友一起津津有味地吃着老乡送来的白兰瓜，蜜一般的甜香沁透全身。那份甜蜜不仅来自瓜本身，更源于帮助老乡解决问题的喜悦。

# 为部队解决难题

在经历沙漠遇险并成功归队之后，吴明因突出表现荣获嘉奖一次，这令他学习和训练的劲头更足了。

吴明为自己精心制订了一份详尽的年度学习计划，选定数门课程，由浅入深地进行学习。在部队紧张的训练间隙，他科学地规划学习时间，一有闲暇，就会捧起书本，潜心研读。吴明就这样在知识的海洋中，一点一滴地、顽强地扬帆前行。

然而，对吴明来说，学习的道路并非一帆风顺。

在当年的时代浪潮中，教育界也受到很大的冲击。入伍前，吴明虽名义上完成了初中教育，但实际上多门课程未曾深入学习，致使其文化基础存在显著短板，这给他自学专业技术课程造成直接且显著的障碍。

为了克服这一短板，吴明决心调整自学计划，从初、高中的数学、物理、化学等基础科目入手，进行系统的学习。令人钦佩的是，仅凭一年多的不懈努力，吴明就成功自学完成高中阶段数理化基础文化课程的大部分内容。

多年以后，当人们问起吴明当初为何选择自学数理化，又是如何在没有老师指导的情况下取得如此成就时，他总是淡然一笑，回答道："其实书本就是无言的老师，重要的是要知道如何去学，掌握攻克难题的办法。"

吴明刚开始自学的数理化课程都属于高中阶段的内容，这对于当时仅有初中生水平的吴明来说是有一定难度的。为了寻求帮助，他首先向自己的初中班主任老师——一位北师大毕业的高才生写信请教。

这位老师向吴明传授一种非常有效的自学方法——利用与课本相配套的自学辅导书籍来攻克学习中的难点。

老师告诉吴明，课本是知识的源泉，阐述了知识的本体，即"是什么"；而配套辅导书籍则是解题的"钥匙"，侧重于剖析解题的思路与方法，揭示"为什么"。唯有将二者紧密结合，方能对知识有深刻的领悟，最终达到融会贯通、运用自如的境界。

配套辅导书在讲解难点时，往往遵循由易到难、循序渐进的原则展开论述。每一章节都精心设计例题，帮助学生更深入地理解所学知识。学生一旦掌握这些例题的解题思路，便能基本掌握该章节的知识点。书中还有对于课程要点的提示，这些被着重标记的内容，正是章节的精髓所在。通过反复研读与琢磨，自然能够实现对知识的全面贯通与深刻理解。面对难以理解的难题，可以采取一种有效的学习策略：将书上的例题仔细抄录下来，并认真揣摩每个解题步骤的逻辑与细节。倘若初次尝试未能全然领悟，不妨再次抄录、再次学习，如此循环往复，最终必能彻底洞悉其中奥秘。

这种方法堪称自学过程中攻坚克难的妙手，屡试不爽。吴明对此深有体会，他在自学之路上的每一次自我超越，都是借助这一"利器"顺利达成的。

凭借坚持不懈的学习态度、刻苦的训练精神以及"认真做好每一件事"的优秀品格，吴明迅速赢得部队的认可。1973 年，入伍未满一年的吴明便因表现卓越被破格提拔为无线电班班长，次年更是被遴选至空军通信学校深造，专攻无线电通信技术。

1976年，吴明学成归来，凭借其突出的学识与才能，被提拔为干部，并担任所在部队电台的指挥台长。恰值此时，部队迎来新式装备的列装。然而，由于部队专业技术人员文化素养普遍有限，对新装备的掌握与运用成为一大棘手难题。

面对这一严峻挑战，吴明挺身而出，毅然决然地肩负起理论教学与实操培训的重任。他晚上精心备课，白天则全身心地投入教学。短短一年内，他便成功举办数十次专业技术培训班，给全师数百名通信技术人员逐一进行轮训，取得令人瞩目的教学成果。他也因此荣获兰州军区空军无线电机务一级技术能手的称号并受到所在部队师党委的通令嘉奖。

然而，新装备在自身的设计与规范上还存在一个突出问题：它仅从单一兵种的战术打击要求出发，规范了关联战位设备的整体联动，却忽视了各个战位间通信联系的顺利实现。这导致各战位与指挥中枢间的联系只能依赖传统的旗语，这种落后的通信方式极大地制约新装备战术技术性能的发挥，成为部队换装后亟待攻克的技术难关。

经过深入而细致的调研，吴明从实战需求出发，大胆地向上级提出利用有线和无线两种通信方式相结合，构建阵地各战位间及各战位与指挥中心间互为交叉、互为补充的重叠式无缝隙通信架构的实施计划。该计划迅速获得批准，上级还任命吴明为项目负责人，全权负责计划的实施与完成。

1978 年，历经两年的不懈努力，在以吴明为首的研制小组的通力合作下，一款集当时最新技术于一身的无线便携式阵地通信机——CGD-1 型调频通话机应运而生。这款机型以其体积小、重量轻、保密性强、通话质量优异、抗干扰性能卓越以及便于携带等显著特点，完全满足部队在平时训练与实战演练中的通信需求，深受部队官兵的喜爱与赞誉。它的问世，成功解决部队换装后的技术缺陷，成为当时一件具有重大意义的科研成果。

该成果经过部队实训与打靶检测的严格考验，所有技术及性能指标均达到战术要求，确保装备列装后的正常使用，消除部队换装后的隐患与问题，对于保障部队实施战备任务具有举足轻重的意义。

同年 8 月，该成果荣获兰州军区空军[1]科技成果一等奖；11 月，该设备顺利通过兰州军区空军组织的军用装备改进技术鉴定，并正式作为科研成果上报总部，建议列装我军装备。总部随后派专人深入调研该成果的可行性，对吴明虽身处基层却敢于创新、勇于实践的精神给予高度评价。后来经过进一步的完善与优化，吴明的这一设计最终被正式确定为部队的列装装备。

---

[1] 中国人民解放军兰州军区空军的简称。兰州军区空军是中国人民解放军空军驻兰州军区的战役军团，领导和指挥驻陕西、甘肃、宁夏、青海、新疆 5 省、自治区及西藏阿里、内蒙古西部地区空军部队。

次年 3 月，吴明被评为兰州军区空军通信技术干部尖子，并因此荣获三等功一次，获得提前晋级的宝贵资格。

"路漫漫其修远兮，吾将上下而求索。"在追求自身进步、寻求科技发展的征途上，吴明还远远没有停下他的脚步。

⊙ 1979年3月，兰州军区空军第一期通信技术干部尖子班毕业合影（吴明位于后排右一）

 第三章　求知的旅程

扫码解锁

◉群英颂歌 ◉匠心传承
◉技能强国 ◉奋斗底色

# 开启向往的大学之门

岁月如梭，当 1979 年的盛夏翩然而至，吴明已在部队中风雨兼程地走过了六个春秋。

这六年来，吴明如同一块被精心雕琢的璞玉，经过刻苦的学习与严格训练的洗礼，逐渐绽放出耀眼的光芒。他以优异的成绩和无私奉献、坚韧不拔的精神，赢得无数荣誉与嘉奖，并从一名普通士兵破格晋升为干部。他的前程在党的光辉的照耀下，光明璀璨。

然而，在这辉煌与荣耀的背后，吴明的心中始终怀揣着一个炽热的梦想——上大学，去追寻那片属于他的科学星空。

自幼，吴明就对科技世界充满无限的好奇与向往，他梦想着有一天能成为一名科学家，为祖国的科技创新事业添砖加瓦。尽管多年的自学之路让他小有收获，但他深知，要想真正攀登科学的高峰，唯有通过系统而正规的大学教育，才能弥补自己薄弱的文化基础，让梦想照进现实。

当时，我国的高考制度已经恢复，为无数青年学子打开了通往梦想的大门。而部队的高考也于 1979 年 7 月正式拉开序幕，为有志于深造的战士们提供宝贵的机遇。

面对这突如其来的机遇，吴明的心如波涛汹涌的大海，难以平静。距离高考仅剩一个月的时间，他面临着前所未有的艰难抉择：是继续留在部队，延续这份对国家的忠诚与热爱，在部队这个大家庭中继续磨砺自己的意志与品质；还是勇敢追梦，踏上高考的征途，去探索更深更远的科学之旅。

在人生的又一个十字路口，吴明给远方的父母写了一封长信，向他们倾诉内心的困惑与挣扎。在那个通信尚不发达的年代，写信成了他与家人沟通的唯一桥梁。

不久，吴明就收到父母第一时间发来的电报，上面简洁而有力地写着："知识创造未来。"这六个字，让吴明切实感受到父母的期望与信任。吴明明白了：他们相信自己的孩子，也相信自己孩子的决定是正确的。之所以选择用电报表示支持，一是因为他们了解自己的孩子，从小就喜欢科技，有用知识、用双手改变世界的远大理想；二是距高考的时间已经不多，一旦确定参加高考，就必须留出时间复习，而正常的回信时间至少需要一星期，时间宝贵，耽误不起。

与此同时，一个难忘的场景又浮现在吴明的眼前：那是三年前刚开始进行科技项目的时候，吴明与数位项目组同人并肩作战，他们废寝忘食、夜以继日地投入紧张的研发工作中，时间持续了将近半年。然而，就在项目即将迈入新阶段之际，几个至关重要的技术难关如同巨石般阻挡了前行的道路，使项目陷入进退维谷的境地。

面对困境，吴明并未轻言放弃，他毅然决定带领团队前往西安的高校寻求解决办法。在那里，教授们一听他们的难题，便迅速洞悉问题的本质，直言不讳地指出："你们对原理的理解存在偏差，因此整个方案都是基于错误的前提构建的，必须彻底推翻重来。"这番话语，虽尖锐却直指要害，吴明团队面临困境的根源在于团队基础理论知识的薄弱。

尽管后来在高校教授的帮助下，吴明带领团队达成设计定型和全部的项目目标，但是，那次"原理错误"的提醒，如一道烙印般深深刻在吴明的心中，成为他科研道路上一段难忘的记忆。它时刻提醒着吴明，无论前行之路多么艰难，扎实的基础理论与持续的学习始终是攀登科技高峰的基石。

想到这里，吴明更坚定了自己的目标：考大学、学知识，走一条属于自己的路。

凭借着多年来自学高中数理化的坚实基础，吴明成功克服时间紧迫的困难，以优异的成绩通过高考，并取得全师第二名的好成绩，最终如愿考上心仪已久的西安空军电讯工程学院通信技术本科班。

1979 年 8 月，吴明正式收到了空军电讯工程学院[1]的录取通知书。这封沉甸甸的通知书如同一张通往梦想世界的门票，标志着吴明人生中的又一次重大转折——求知深造的旅程正式开启。

---

[1] 现中国人民解放军空军工程大学。

他要做一只展翅高飞的雄鹰，向着更高更远的天空翱翔，去追寻那片属于自己的科学星空。

# 难忘的院校记忆

1979 年 9 月 1 日，当秋日的阳光温柔地洒落在宁静的校园里时，吴明带着对未来的无限憧憬，正式踏入这片知识的殿堂。

空军电讯工程学院内，学员们身着整齐划一的军装，穿梭于林荫小道间，构成一幅生动的画面。这里，聚集着两类不同的群体——地方生与部队生，他们如同两条从不同方向潺潺而来的河流，最终汇聚在一起，共同汇入知识的海洋。

参加地方高考，经过统招的提前批录取的学员俗称地方生；而参加部队高考统招的为军队考生，俗称部队生。两批人入学后即按专业混编到每个班级，这里的班级被称为学员队。学员队的上一级是大队，级别是正团级，配备大队长、副大队长、政委、副政委若干，相当于地方院校的系或者二级学院。每个学员队配备专职的队长、副队长、教导员和副教导员各一名，级别是营级。学员队下面的编制是分队，分队长和副分队长由队长、教导员指定的学员来担任。学校实行军事化管理，其严格程度比起部队来也毫不逊色。

由于在部队曾受过提前晋级的奖励,吴明入校时已是连级干部,行政级别为 22 级,比一般的连级干部还要高一级。这样的情况在军队考生中是很少见的。因此,他按照资历被指定为分队长,管理 5 个学员班,每个班 10 人左右。军队考生的主流是战士,一般以参加过地方高考的最近一两年新入伍的战士居多。

然而,对于吴明和他带领的部队生而言,大学学习生活刚开始时是充满艰辛的。入学的第一年,主要是学习公共基础课。在这个阶段,由于地方生完整地上过高中,文化课基础较好,部队生的数理化和英语水平都要明显落后于他们。

吴明并没有系统地上过高中,进入大学后,首先接触的普通物理学、高等数学、大学英语等公共基础课,令他头疼不已,他理解和掌握起来都异常吃力。其中,对他来说最难的一科是英语,他连最基础的 26 个英文字母的发音都搞不清楚,更别说进行读写练习了。

军队院校对学员队的管理很严格,一切都按军事化标准执行。起床、洗漱、吃饭、上课都要按照规定的时间进行,上课和吃饭之前都要列队点名。由于纪律严明,平时除了上课,学员们几乎没有课余活动,只有节假日才有请假外出的机会。

这些规定正好给了吴明"逆风翻盘"的机会,他把能掌握的大部分时间都用在学习上。排队时,他用手在大腿上默写单词;每天晚自习,教室里别的学员都走了,只有他还在伏案苦读;除了自学之外,平时只要有时间,他就会跑去向地方生和老师请教

⊙ 在空军电讯工程学院校园的吴明

问题。正因吴明学习太过刻苦和入迷，还发生了一件令人哭笑不得的事情。

在入学的第一年，同学们的学习劲头都很足，图书馆的公共自习室总是人满为患，每天的座位皆被早早抢占一空。吴明和同学们常常为了一个宝贵的座位而在清晨狂奔，有时甚至不得不坐在地上，以地为席，徜徉于知识的海洋之中。

理科自习室位于三楼，这里是吴明最常光顾的地方。有一次，吴明因为忙于抢座位，竟没有注意到周六图书馆提前闭馆的告示。当他沉浸于书本、学至疲惫不堪时，竟不知不觉地睡着了，管理员巡查的呼喊声也没能将他从梦乡中唤醒。直到夜幕降临，吴明在半梦半醒之时，才猛然发现自己被锁在了图书馆里。

与此同时，晚饭前点名时也发现少了一个人，当大家找到吴明时，图书馆管理员早已下班，联系不到人。教导员和同学们只能把晚饭从窗户递进图书馆给吴明。

就这样，吴明在图书馆内度过一个宁静的夜晚。那一晚，他虽然没有在温暖的床铺上安睡，但心灵却得到前所未有的滋养。他利用这个意外得来的夜晚，阅读大量书籍，那些深奥的理论、精妙的公式、丰富的案例，都深深地烙印在他的脑海中。他仿佛与知识进行了一场跨越时空的对话，最终收获满满。

看完书后，吴明疲惫不堪，便直接趴在书桌上小憩。那一夜，他梦见自己站在科学的巅峰，俯瞰脚下的世界。

第二天清晨，当第一缕阳光洒落在图书馆的窗台上时，教导员和同学们才来接走吴明。

这段经历，在当时虽然成为同学间调侃的趣事，但对吴明来说却意义非凡、收获颇丰，让他对知识的渴望变得更加强烈。

在之后的日子里，吴明继续运用自己的自学方法，不断提升学识和能力。他坚信"抄书三遍肯定会"的道理，通过反复抄写和背诵，将课本上的知识深深地刻印在脑海中。同时，他也注重课外知识的拓展，多方面提升自己的能力。

不仅如此，吴明还积极分享自己的学习方法，鼓励同学们一起努力、共同进步。他站在讲台上，拿起粉笔，用通俗的语言和形象的比喻，向部队班的同学们传授自己的自学心得。在他的带领下，同学们的学习热情被纷纷点燃，整个学员队的学习氛围变得更加浓厚，部队生的成绩也渐渐跟了上来。两年后，部队生在熟练使用装备方面的优势开始显现出来，在吴明的帮助下，许多人甚至取得名列前茅的好成绩，反超了地方生。

得益于几年来在部队基层的艰苦生活中磨炼出的坚强意志，以及长期坚持自学所练就的无师自通的能力，吴明最终在大学毕业考试时名列年级前茅。他用自己的行动告诉我们：无论面对多大的困难和挑战，只要保持坚定的信念和不懈的努力，就一定能够战胜困难，实现自己的梦想。

# 华山抢险行动

时光荏苒，1983 年 4 月底，吴明的四年大学生活也迎来尾声。适逢国际劳动节，学院特准毕业生外出游玩。其中，空军电讯工程学院超过百名学员积极响应，报名参加前往华山的旅行。然而，此番行程竟意外地让他们亲身经历了一件在当时震惊全国的重大事件——华山抢险救援行动。在此次行动中，吴明再次展现出不可或缺的作用。

去华山游玩的计划为 4 月 30 日下午从西安乘火车至华山车站，徒步进山 10 多公里至玉泉院后连夜登山，经险路至东峰看日出，再游中、西、南峰，游览完毕后原路返回车站，乘下午 5 点的火车回学院。

由于华山是学院每年都要组织学员去游玩的景点，学院对华山的情况比较熟悉，整个活动的组织和预案都准备得相当充分。吴明所在的学员分队有 30 多名学员参加此次活动，建制完整，由吴明负责领队。

为了应对意外，出发前学院还专门强调注意事项，要求每个学员必须携带手电筒、背包绳、急救包、食物、军用水壶和挎包，以各学员队为单位统一行动。当时一些学生对学院的规定并未在意，事后他们才意识到这些应急物品的重要性。

4月30日下午，吴明和同学们抵达西安火车站。当天去华山的人很多，绝大多数是来自西安各大高校的学生。其中，军校的学生主要来自空军工程学院、空军导弹学院和空军电讯工程学院这三所空军院校[1]，以及第四军医大学[2]、解放军有线电通信技术学校[3]、西安政治学院[4]等几个陆军院校。晚上9点多，火车到达华山山脉外围的华山车站，这里距华山脚下的景点入口处还有十多公里的山路。同学们稍作休整后便开始徒步进山。

在欢声笑语中，同学们爬了十几公里的山路，也丝毫不觉得辛苦。凌晨2点多，一行人到达玉泉院。在这里，几所军校的队伍重新整队、清点人数后，部署了上下山安排。即经鱼石、灵官殿、五里关，到达青柯坪；再途经回心石、千尺幢、百尺峡、二仙桥、老君犁沟后到达第一集结点——北峰。

5月1日清晨5点多，先一步登上山的同学们大都齐聚在东峰观看日出。当硕大的红日从茫茫的云海中冉冉升起的时候，整个

---

[1] 1999年，空军工程学院、空军导弹学院、空军电讯工程学院合并组建中国人民解放军空军工程学院。

[2] 现为中国人民解放军空军军医大学。

[3] 即中国人民解放军有线电通信技术学校，现为中国人民解放军国防科技大学西安通信学院。

[4] 即中国人民解放军西安政治学院，现为中国人民解放军国防大学政治学院西安校区。

华山都沸腾起来。来自各大地方高校的同学，面对群山吟诗、起舞、高声歌唱……展现出充满激情、豪迈的大学生风貌，在华山之巅形成了一道亮丽的风景线。此刻的吴明虽心中也澎湃着万般豪情，却由于文学知识积累的限制，无法用华丽的语言表达自己的心中所想。他下定决心，下山后要好好补习人文知识，了解更多传统文化。

6点左右，在东峰看完日出的人群开始向金锁关集结，准备继续游玩中、南、西三个峰。这时位于高地的人们突然发现山下出现意外情况。

原来，五一劳动节期间爬华山的游客众多，且大多数人选择在清晨上山。华山自古道路险峻狭窄，千尺幢、百尺峡等地尤为险峻，仅容一人通过，且为必经之路。山路的一侧是绝壁，另一侧为悬崖，崖边仅靠铁链防护。而下山人流亦会经过此地，所以极易造成拥堵，若无组织疏散，安全隐患极大。早上7点多，随着上下山人流的不断增加，几个紧要节点开始出现拥堵。

到8点左右，险情愈发严重，在千尺幢、百尺峡、老君犁沟和擦耳崖等地点，不到一米宽的崖壁小路被上挤下拥的人流瞬间填满，崖边上防护的铁链已被人流挤成弓形，几处拴结点开始脱落，很多游客的身体被挤出小路，一只脚或半个身体悬空在外面。危急之际，人们绝望的尖叫声和求救声不断回荡在山谷中，游客身上的照相机、衣服和鞋帽等物品纷纷坠落悬崖。

正当人们惊恐万分之时，只见千尺幢崖梯口上方处的十几个

⊙ 华山全貌

人突然被挤落下来，直冲冲地砸向下方十几米处的山崖边聚集的人流，有的人直接滚落至深不见底的山谷，引发人群的阵阵骚动，一时间哭喊声和尖叫声此起彼伏。

此时，在千尺幢垭口处被砸人流中的军校学员和一些游客，冒着自己被砸伤和带下山的危险，本能地迅速出手，拉住好几名滚落下来的游客，甚至用身体接住上方砸来的人。

已经上到山上的游客，发现百尺峡、老君犁沟等路段的险情后，也开始惊慌失措，乱作一团，还有人误以为发生了地震，掉头就往山上跑。苍龙岭上正在往金锁关下撤的游客中，几名女生在鱼脊背般狭窄的山脊上害怕地哭起来，有的甚至抓住铁链蹲在地上，双腿因颤抖而无法站立。骚动和恐惧开始在山上的人流中蔓延，大家一脸惊恐无助，不知所措。

此刻，华山几乎所有的道路都被上下山的人流堵死，有过丰富抢险经验的吴明立即觉察到情况的紧急：当前最关键的是要消除险情，稳定众人情绪，保证山上游客的安全。

吴明带领的学员分队30多人刚刚在此处完成集结，是一支便于管理的完整建制队伍。队伍集结完成后，吴明挺身而出，放声高呼："军人们都站出来，原地维持秩序；山上的游人停止下山，原地等候；正在下山的游客往后退，一直退到山上的安全地带！"吴明来回奔波，协调各部队维持秩序，让学员用背包带在聚集地加固防护，保护游客安全；并安排军人轮番上山，护送游客撤至安全地带。

吴明又前往险情最为严重的擦耳崖路段：此处几乎已无任何防护，稍不注意就会坠入深崖。吴明将自己和队员们用背包带拴在一起，组成人墙，站在最险要的几个地段和铁链脱落的悬崖一边，让游客从靠山的一侧有秩序地通行。当他们发现百尺峡被救的游客出现伤情急需救助时，又毫不犹豫地将携带的急救包和背包绳传递过去……就这样，军人们冒着随时可能被挤下山崖的危险，在崎岖的崖壁间来回穿梭、呼喊，尽全力为游客的安全疏散提供服务和保障。

在吴明和战友们整整6个小时的积极努力下，下午2点，险情发生处上方的人流涌动终于得到有效控制，下撤人流开始有序往山上退去，擦耳崖路段险情处的人员拥堵压力得到初步缓解。后来，事故发生下方的二仙桥、百尺峡、老君犁沟等处涌动的人流，也在第四军医大学等军校学员们的拼死拦阻下，开始出现松动迹象，并开始往山下退去，为抢救在千尺幢跌落的受伤人员争取宝贵时间。在最终撤离之前，军人们始终坚守岗位，未曾有过片刻的休息。

华山抢险事件后，媒体争相对参与此次救援的人员进行报道，社会也对他们广为称颂和赞誉。事后，吴明感慨万分地对战友们说："抢险救人本就是我们军人的职责和义务啊！"

⊙ 1983年，毕业留校当老师的吴明（后排左二）

# 留校任教

吴明毕业那一年，军校毕业生的去向由学院直接裁定。可当毕业分配名单揭晓之时，结果却让吴明大感意外：他竟被选定留校任教。

众所周知，能够留校任教的学员，往往是各科成绩均出类拔萃的佼佼者。吴明认为自己学识尚浅，诸多知识未能深入掌握。因此，他从未把留校任教这一选项纳入考量。在写给部队战友的书信中，他甚至满怀期待地表示，自己即将回归部队，再次与大家并肩战斗。

1983年下半年，吴明正式确认留校任教，这无疑是他人生轨迹上的又一次重要转折。从求知者转变为授知者，他深知"学而不厌，诲人不倦"的道理，要胜任这一角色，自己必须踏上更为深远和广博的求学之路。因此，他为自己制订了一份详尽的学习规划，旨在专业知识和技能的深度和广度上实现质的飞跃。

在求知的道路上，吴明仍然选择继续前行。

参加工作后，除了完成学院规定的教师进修课程外，吴明还主动给自己加压，同时报名参加当时新兴的法律和中文两个专业的高等教育自学考试。在学习过程中，吴明深刻感受到中华文化的博大精深，尤其是文学的魅力。在老师的带领下，他品味着经典文学作品，沉醉于楚辞的瑰丽想象与浪漫主义，赞叹汉赋的铺陈排比与气势恢宏；他感慨着唐诗的韵律之美与意境之深，更欣赏宋词的婉约细腻与豪放不羁。无论哪一种文学形式，都让吴明惊叹不已，流连忘返。

通过两年的努力，吴明修完十几门课程。他的知识面不断拓宽，能力不断提升的同时，文科的学习经历也极大地锻炼了他的语言组织与表达能力。这一技能在他后续填写科技成果申报材料时发挥出关键作用——他能够以最精练的语言精准阐述专利的核心内容，深刻传达自己对科学领域的独到见解。

功夫不负有心人，在不到三年的时间里，吴明提前通过学院规定的教师学历进修课程的全部考试，并获得法律和中文两个专业的自学考试专科文凭。他的学识和能力得到极大提升，第四年更是被破格授予中级职称。

在高校教学岗位上，吴明再次交出一份令人满意的答卷。然而，正当人们以为他会在军校继续发展时，他却向组织提出转业回地方的要求。他心怀高远，立志用自己的知识报效祖国，创造更多的人生价值。这一决定，无疑是他个人发展道路上的又一次重要抉择。

⊙ 在空军电讯工程学院任教时的吴明

 第四章　回到地方

 扫码解锁

◉群英颂歌 ◉匠心传承
◉技能强国 ◉奋斗底色

# 回到地方，小试牛刀

20 世纪 80 年代末期，正值我国改革开放刚刚兴起之际，地方建设如火如荼，各类国外先进技术开始被引进国内。在电信科技领域——改革开放的前沿阵地，诸如程控交换机、光纤传输、移动通信等当代先进技术与设备在我国遍地开花，发展日新月异。

作为电信科技领域稀缺的专业人才，吴明对这些新技术的引进与应用充满期待与热情，他非常渴望迎接新的挑战，以自身的科学实践，为社会主义现代化建设贡献力量。

经过深思熟虑，吴明最终决定响应国家号召，投身到改革开放的大潮中去。他婉言谢绝部队领导的挽留，怀着满腔热血，决心到地方大展宏图，用自己的专业知识为通信事业的发展贡献光和热。

1990 年，吴明被分配到位于河北省石家庄市的河北省邮电管理局[1]下属的河北省长途电信传输局，并迅速适应新的工作环境。

---

[1] 河北省邮电管理局是隶属于原国家邮电部和河北省的政企合一行政管理单位。1998 年 3 月，随着国家邮电部的撤销和职能划分，河北省邮电管理局拆分为：中国邮政河北分公司、中国电信河北分公司。2000 年 5 月以后，中国电信河北分公司又相继拆分成中国移动河北分公司、中国联通河北省分公司、中国电信集团有限公司河北分公司、中国网通河北省分公司。2006 年 8 月，原中国网通河北省分公司和原中国联通河北省分公司合并为中国联合网络通信有限公司河北省分公司（简称河北联通）。

很快，他就迎来试练的机会。

1993 年，我国京九铁路全线动工建设。河北省长途光缆巡检系统是为助力京九光缆主干线的建设而从国外引进的高科技设备。但由于该设备在软硬件适配方面存在缺陷，导致京九光缆主干线在开通几个月后问题频发。

光缆巡检系统的瘫痪带来了较为严重的后果，不仅直接影响京九光缆干线网络的正常运行，还造成大量无法挽回的经济损失。面对这一困境，国家邮电部电信总局[1]紧急召集沿途各省相关部门，要求在一定期限内解决问题。吴明所在的河北省邮电管理局也接到这一艰巨任务。

然而，任务下达后，各省的工作进展并不乐观。河北省此前已派出两拨人马轮流攻关，但始终未能找到突破口。此时，单位领导将目光转向通信专业毕业的吴明，指派他为项目负责人。吴明未作迟疑，毅然接下任务，并立即展开全面调查。

此前，吴明并无大量实践经验，面对全国性高精尖的技术难题，大学中学习的知识仿佛失去用武之地。更为棘手的是，由于拿到手的技术资料都是英文资料，而资料中有很多字典上都查不到的专业词汇，吴明只能将不认识的单词和短语一条一条地摘录出来，寻求各种途径完成翻译；再将报废的进口设备"大卸八

---

[1]邮电部电信总局是原国家邮电部辖属主管全国电信业务的行政管理机构，2000 年 5 月 17 日撤销，电信运营业务由新成立的中国电信集团承接。电信行业管理职能划归信息产业部。2001 年后，中国电信集团又通过持续拆分变更出中国移动、在中国网通、中国联通等多家通信运营商。

⊙ 1994年，吴明正在对进口长途光缆巡检系统设备进行拆解分析

块"，一块块仔细研究，琢磨其中的奥秘……

终于，凭借在军队练就的肯吃苦、不放弃的拼搏精神，通过不断的试验和潜心研究，吴明找到了问题的根源：原来是厂家发来的源代码少了一页，而且先前的技术人员从其他省市抄来的源代码与河北省的系统并不兼容，因此光缆无法正常运行。每一个小小的代码前缀都代表着不同的路由和路径，每一个点都要校准，否则整个系统都无法运转。对此，吴明感慨万分：科学研究就是要沉下心、屏住气，任何一个细小的环节都可能是重大项目成败的关键。

找到问题的根源后，吴明再接再厉，克服重重困难，最终一鼓作气地完成新系统的整体研发任务。这一成果不仅彻底解决原京九光缆主干线两千多公里光缆所存在的问题，还迅速在河北省内的两万多公里的国家干线光缆上得到推广应用。

在整个巡检系统的研制工作中，iButton 信息钮结构组件是一块"硬骨头"，进口产品中大部分硬件设备的共性问题几乎都出现在这个组件的安装上。而吴明发明的 iButton 信息钮结构组件专利产品，成功解决原进口结构组件存在的关键技术难题，不仅所有的技术性能全部达到或超过设计标准，而且其价格仅为原进口产品价格的二十分之一。吴明的发明成为一种高效经济的进口产品的替代产品，仅此一项就节约工程安装成本达 952 万元。

这项成果的研制，成功解决光缆维护中的关键技术难题，有效提高企业的现代化管理水平，大大降低维护费用，每年可产生直接经济效益 600 多万元，累计创造效益 2.2 亿元。后来，这项成果的应用范围也逐步扩展到全国，取得了显著的经济和社会效益，至今仍稳定运行在我国的万里光缆线路上，承担着现代高速通信信息流的传输重任。此外，该项专利技术还逐渐在铁路、电力、石油等多个领域获得推广应用。

该成果经河北省省级科学技术成果鉴定，认定为"已达到国内领先技术水平"，具有自主知识产权，为国内首创。此后，来还连续获得河北省企业管理现代化创新成果一等奖、第九届国家级二等企业管理现代化创新成果、中国通信学会科学技术奖二等奖等荣誉奖项。

⊙ 2002年7月，吴明的创研成果获得河北省企业管理现代化创新成果一等奖

⊙ 2002年12月，吴明的创研成果获得第九届国家级二
   等企业管理现代化创新成果

⊙ 2005年12月，吴明的创
   研成果获得中国通信学
   会科学技术二等奖

吴明转业回到地方后完成的第一个创新项目就取得巨大成功，影响深远。这是他大学毕业后首次将所学知识应用到实践中，这一实践不仅磨炼了他在科研中锲而不舍、一丝不苟的精神，更为他日后在科技创新一线上的深耕奠定坚实的基础。

# 向更新的技术高度迈进

通信业属于高新技术产业，其知识和技术的迭代速度非常迅猛。在吴明看来，只有不断"充电"，才能跟上行业发展的步伐。

因此，吴明几乎将全部业余时间投入学习中。他的办公室内，书籍堆积如山，而他心中所思所想，仅有一件事：如何以最快的速度掌握新知识，解决不断涌现的新问题。

我国先前在光缆维护工作中所使用的仪器仪表均为高新技术产品，几乎全部依赖进口。这些产品价格高昂，尤其是检测用的高端仪器仪表，国外厂商的报价高得惊人。其中，一款名为"地下光缆探测仪"的常用维护仪器，每台报价高达3万多美元。由于需求量大，该产品每年的进口量令人咋舌。以往，这些设备一旦出现故障或损坏，基本上便要返厂维修，不仅耗时费力，且维修费用高昂，动辄需要数万乃至数十万元，极大地增加企业的运营成本。高端技术受制于人，我国无法自主生产，面临着"卡脖子"

的窘境。

面对这一困境，吴明暗自下定决心，要彻底扭转这一局面。他认为进口设备虽昂贵，却仍有定位不准、易损坏等弊病。于是，他从基础做起，认真筹备，深入探索故障排查的原理与方法，努力实现自主维修，并致力于用效能更好的国产产品替代进口产品。

起初，由于不了解设备原理，吴明只能像小时候拆收音机一样，将报废的进口设备拆解成零部件，逐一分析、研究其奥秘。遇到难以理解的部分，他便对照电路元件，绘制设备电路图，再找国内工厂自主制造各部分的零件，按运行原理将其组装起来。

经过一年多的反复努力，吴明终于在2001年完成第一代样机的定型。经现场测试，该样机性能稳定，技术性能与进口产品相当，而成本却只有几千元，仅为进口产品价格的十几分之一。

光缆探测仪的首批样机生产了180台，一经试用便立即引起省内外通信行业的广泛关注。当时，河北省电信公司的光缆运营维护单位便订购了800台。投入实际应用后，吴明团队根据反馈和实际情况，连续对该产品进行六代较大的技术升级改造，使其性能更加可靠、技术更加先进。其应用范围也由河北省扩展至浙江、海南、广东、广西、江西、四川、湖北、福建等多个省份，逐步成为我国光缆维护领域替代进口设备的主流产品。

在此基础上，吴明又连续研发HCC-2B型地下光电缆探位仪、数字式智能型多功能告警系统、智能型多方位远距离自动报警系统等一系列直接服务于通信生产的设备和产品。这些产品在短时

⊙ 吴明（中）在长途光缆现场测试新研制的光缆探测仪

间内形成批量生产能力，基本满足当时通信建设的快速发展需求。

截至目前，这些设备仍大量应用于我国通信行业的基础维护领域，生产总量已突破 5 万台。它们已成为我国长途光缆维护的主要仪器，完全替代了进口产品，成为我国现代通信高速光纤网络线路的重要基础设备，在万里光缆线路上发挥着举足轻重的作用。

吴明的一系列科技创新，为我国通信领域注入新的活力，大大增强中国人创造自己的产品、使用自己的发明的信心。2004 年 4 月和 12 月，他先后被授予中央企业劳动模范和全国技术能手荣誉称号。

2004 年 4 月 26 日，中央企业劳动模范表彰大会在北京人民大会堂举行，当吴明首次走进人民大会堂时，他见识到各行各业的优秀工作者，也深切感受到国家对人才的尊重和对在各条战线上作出贡献的劳动者的关爱。

在庄严的人民大会堂中，吴明感慨万分，认为此时的荣誉不过是一个新的起点，他要在祖国提供的成长沃土中继续扎根发芽，以丰硕的成果回报国家和人民的殷切期待。

吴明参加完表彰大会返回单位后，他的事迹迅速成为国内各大新闻媒体的报道热点。河北省总工会还将他的照片制作成劳模宣传画，张贴在石家庄市的主要街道和公交站点的玻璃橱窗内，供市民观看学习。吴明因在信息化的高技术领域取得的突出成绩，而被誉为"我国通信行业杰出的科技创新开拓者"。

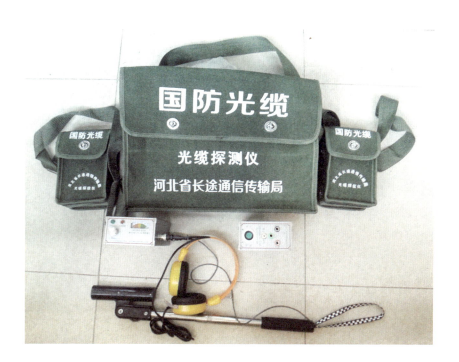

⊙ 吴明研发的新型的便携式多功能光缆探测仪

⊙ 2004年4月26日，吴明在北京人民大会堂参加中央企业劳动模范表彰大会

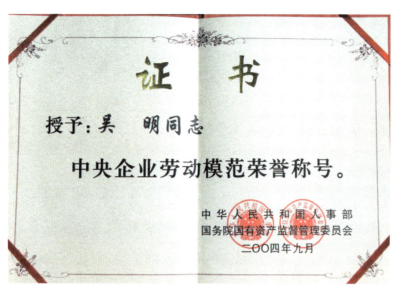

⊙ 2004年9月，吴明被授予中央企业劳动模范荣誉称号

⊙ 2004年12月，吴明被授予全国技术能手荣誉称号

# 组建通信设备维修中心

随着邮电分营和电信行业的改革与发展，吴明所在的原河北省邮电管理局中的电信相关业务逐渐剥离出来，并经过一系列重组和整合，最终组建中国联通河北省分公司。于是，在 2005 年，吴明正式成为国有企业的一名员工。

然而，随着新技术和新设备的不断引进，企业内的冗员问题日益凸显。为破解这一困局，企业高层决定派遣精干力量，迎难而上，攻克这一难关。

2006 年 12 月，作为企业内的技术领军者，吴明接到上级委派的重任——组建省级通信设备维修中心（河北省长途难住传输局通讯设备维修中心，下文简称"维修中心"），并承担待岗人员的安置工作。

面对空荡荡的房间和一群毫无技术背景的行政和后勤人员，吴明深知任务的艰巨性。但他没有退缩，而是迎难而上，夜以继日地思索解决方案，积极协调各方资源，硬是在条件尚不成熟的情况下，搭建起维修中心的初步框架。

曾担任空军军校教员的经历也在此时派上用场，吴明使用一系列务实的教学方法，为维修中心的快速发展奠定了坚实基础。为了使人员尽快上岗，吴明亲自上阵，承担从专业理论到维修实践的全部教学任务。

吴明白天与大家并肩作战，晚上备课至深夜。在教学过程中，没有教材，他就自己编写；没有教学材料，他就从报废设备上拆解替代；没有桌椅，他就席地而坐……在吴明的带领下，大家齐心协力，克服重重困难，终于初步掌握相关理论知识。此外，吴明还创造性地采用"师父带徒弟"的教学方式，每次维修前都事先检测设备、贴上标签，注明故障部位和检修步骤，确保大家能够更好更快地上手操作。

然而，困难却接踵而来。维修中心组建初期，各方面的条件都很差，尤其是急需一批维修通信开关电源专用的检测与调试设备。为了尽快使维修中心的工作开展起来，吴明另辟蹊径，决定自己设计产品图纸，并将这些图纸交由几个专业厂家完成单元零部件的生产和加工后，再由自己完成整机组装。

后来的一系列实践证明，这种方式非常适合当时的实际情况，有效保障了维修中心工作的按期开展。如果没有吴明当时的当机立断，维修中心的工作进度恐将遥遥无期，难以预料何时才能完成。

吴明这种"没有条件，创造条件也要上"的理念，也令维修中心刚上岗的员工受到教育和启发，成为他们日后始终秉持的工作理念。

⊙ 吴明（左）正在为新来的员工传授维修技能

在全体人员的齐心协力下，维修中心如同刚刚破土而出的春笋，仅用三个月的时间，便以惊人的速度迅速成长，正式开启面向全省通信电源设备的批量维修服务的新篇章。与此同时，吴明还有效利用现有资源，将维修业务拓展至多个行业与领域，相继在移动基站、银行、电力和高速公路等领域中取得显著成效，使维修中心自起步之日起便踏上高速发展的"快车道"。

2007年5月，石家庄某电力公司调度中心突遭紧急情况，一台法国进口的大型UPS供电联机设备发生故障。该设备支撑着电力公司的调度、计费、高压输变电控制及网管等核心部门，而唯一的备用机刚启动不久即发出过荷告警，随时可能停止运行。一旦备用机停止运行，将引发大规模的停电事故，后果不堪设想。

电力公司迅速联系设备制造商的中国区办事处，但该国外公司鉴于维修风险，以保修期已过为由，仅提供配件而不愿承担维修服务。公司随后又求助上级单位国家电网中心，也同样得到无法维修的答复。

面对紧迫的局势，更换新机已来不及，于是电力公司在万般焦急中找到吴明所在的维修中心，恳请他们到达现场支援。

吴明闻讯后，毫不犹豫地马上赶赴现场。经过一天的紧张排查，终于定位了故障点。此时，吴明及其团队才意识到维修任务的艰巨与风险，一度考虑撤退。然而，电力公司的同志几乎哀求着说："你们要是走了，那半个省城可就真的没电了。"

强烈的责任感驱使吴明留下来。电力公司依据吴明的要求，

⊙ 吴明（中）正在为员工讲述传输设备的原理

从上海紧急空运主控板至现场。后来经过缜密的装机测试，故障终于被成功排除。

当吴明按下启动按钮，设备指示灯逐一亮起，修复后的故障设备顺利并入系统，之前一直处于故障报警状态的设备终于恢复正常运行。此次紧急维修不仅赢得电力公司的高度赞誉，更使吴明所在的维修中心在石家庄声名鹊起。电力公司当场与他们签订了长期维保协议。

在吴明的带领下，维修中心全体员工的精神面貌焕然一新，潜力得到充分挖掘，各项业务迅速发展。短短两年内，维修中心已成为河北省通信业规模最大、检测仪器最完备、维修设备最先进、维修手段最全面的专业机构。昔日的待岗员工已全部成长为技术骨干，成为能够为企业创造效益的重要力量。

维修中心的业务范围也从单一的电源设备扩展到微波设备、UPS 联机设备、仪器仪表、光介入设备及数据交换与传输设备等，涵盖通信行业的全领域。第一年，维修中心产值即达 1.8 亿元，利润 2000 万元；第二年，产值跃升至 3.2 亿元，利润突破 3000 万元，取得显著的经济与社会效益。吴明和他的维修中心团队以全新的姿态跨入争先创优新征程，在信息化高科技领域开辟出一条持续发展的创新之路。

2009 年 4 月，吴明所在的维修中心荣获河北省人民政府授予的"河北省先进集体"称号。奖牌颁发之日，维修中心全体成员静默无声，凝视着这份荣誉，心中五味杂陈。谁又能想到，两年前，

⊙ 维修中心全体人员合影（吴明位于后排中间）

他们还是被视为企业和社会负担的边缘群体；而今，在短短两年多的时间里，他们已蜕变为在逆境中重拾自信、为社会创造巨大价值的优秀人才。

维修中心的人员至今还在各自的岗位上发光发热，而这一切成就的取得，都离不开团队的领头人——吴明。他一心为企业和员工谋福祉，带领大家勇往直前，共同书写这段辉煌篇章。

⊙ 吴明在某电力公司机房紧急排除故障

第五章　时代的召唤

扫码解锁

◎群英颂歌 ◎匠心传承
◎技能强国 ◎奋斗底色

# 光辉的岁月

2010 年，无疑是吴明人生画卷中最为璀璨夺目的一页，也是他职业生涯中一座不可磨灭的里程碑。这几年，他凭借转业后在通信领域中取得的卓越成就，连续斩获河北省十大金牌工人、河北省百名能工巧匠、河北省五一奖章，以及全国五一劳动奖章和全国劳动模范等荣誉，每一项荣誉都如同一块沉甸甸的金牌，见证了他不懈的努力与卓越的成就。

2010 年 4 月 26 日，春风和煦，吴明与来自河北省的 100 多名全国劳动模范和先进工作者一同汇聚在省会石家庄，接受省委、省政府主要领导的亲切接见和热情勉励。

这份来之不易的认可与鼓励，让吴明的心中充满温暖与力量。随后，大家集体登车，满怀期待地前往北京，与来自全国各行各业的劳动模范和先进工作者共襄盛举，参加全国劳动模范和先进工作者表彰大会。

在北京的日子里，最令吴明难以忘怀的，莫过于参加表彰大会的那一刻。虽然这已是他第二次来到这里，可当再次站在庄严的人民大会堂内，与来自五湖四海的劳动模范和先进工作者们一

⊙ 2008年12月，吴明获评第一届"河北省百名能工巧匠"

⊙ 2008年12月，吴明获评第一届"河北省十大金牌工人"

⊙ 2009年1月，吴明获得河北省五一奖章

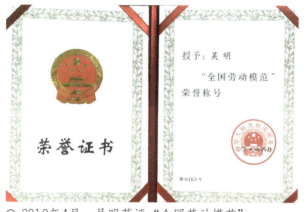

⊙ 2010年4月，吴明获评"全国劳动模范"

⊙ 2010年11月，吴明被授予全国五一劳动奖章

同聆听中央领导人的讲话时，他的内心仍如被一股暖流激荡，思绪万千。他的脸上洋溢着自豪与喜悦，仿佛看到自己未来的无限可能。

在天安门广场的升旗仪式上，看着缓缓升起的国旗，吴明的神情又变得异常凝重。他深知，这份荣誉不仅是对他个人的肯定，更是对他所肩负的使命与担当的期许。他回想起自己从小到大经历过的种种：儿时对组装矿石收音机的那份好奇与热爱，参军后在沙漠中遇险时的坚韧与勇气，军旅生涯的历练与成长，军校里的求知若渴与奋斗不息，华山抢险时的无畏与奉献，转业后投身科研攻关的执着与坚持，以及在困难重重中组建维修中心的艰辛与不易……这一切，都如同电影般在他的脑海中回放。回想起方才表彰大会上党和国家领导人的谆谆嘱托和热情勉励，他心中更是充满奋斗报国的壮志豪情。

在此期间，吴明还有幸与来自全国各行各业的著名劳动模范和先进群体进行深入交流。通过与他们对话，他深刻感受到榜样的力量，认识到自身的差距与不足，也看到自己前进的方向。这些宝贵的经历，如同汩汩清泉，滋养着他心中的种子，使他对未来充满坚定的信心与决心。

表彰大会结束后，吴明登上天安门城楼，他的眼前豁然变得明亮起来，一条清晰的发展思路在他的脑海中浮现：持续创新发展，不断开拓前进。他深知，这条路虽然充满挑战与未知，但只要坚定信念、勇往直前，就一定能够开拓出新局面、创造出新业绩。

⊙ 全国劳动模范和先进工作者表彰大会后，吴明登上了天安门城楼

这一年，对于吴明来说，是收获满满、意义非凡的一年。这一年不仅见证了他个人的成长与蜕变，更为他未来的职业生涯奠定坚实的基础。在未来的日子里，吴明将继续秉持这份初心与使命，不断前行、不断超越，用自己的实际行动书写更加辉煌的篇章。

# 担起新的责任

维修中心的卓越成绩不仅为企业创造显著的经济效益，而且开创了一条有效解决企业转岗人员重新安置的新途径。其高效且迅速的发展模式，赢得河北省地方政府与中国联通集团的高度赞誉，也吸引了中央电视台及各大新闻媒体对此进行广泛报道。

2010年9月24日，河北省总工会与河北省科技厅携手，在全省范围内启动职工创新工作室的创建活动。经过严格评选，吴明所在的维修中心脱颖而出，被认定为全省首个示范性职工创新工作室，并被正式命名为"吴明通信技术工作室"。该工作室作为河北省职工创新的标杆与典范，旨在推动全省职工创新活动向更加务实高效、以点带面的方向发展。评选结束后，随即举行隆重的授牌仪式，宣告工作室的正式建立。

吴明通信技术工作室不仅是河北省职工创新工作室的首个示

⊙ 吴明（左一）正在接待来自吉林省联通公司的参观者

范性创新工作室，也是维修中心的上级单位——中国联合网络通信集团有限公司[1]的首个职工创新工作室。中国联通为此专门拨款，用于建设工作室的荣誉展览室及其他配套设施，旨在将其打造成为中国联通与河北省职工创新的示范性教学与展示平台。

工作室建立之初，吸引了大量前来学习交流的人员。吴明及其创新团队将每一次交流都视为学习的宝贵机会，他们相互切磋、取长补短，共同在职工互助创新的道路上取得显著成效。吴明和同事们一起不断将所学知识与技术向更深更广的领域拓展。只要是对企业与社会有益的事情，无论是本单位还是外单位的问题，他们都积极协助、从不推诿。

2012年夏季，刚从故障现场返回的吴明突然接到中国电信某县分公司的紧急求助电话。原来，随着高速宽带业务的快速发展，大量E（X）PON-ONU（光网络终端）设备投入运营，但在实际应用中却出现很多问题。

由于这类用户侧设备只能依靠所在区域的小环境供电，一旦电力供应中断，不仅网络宽带不能使用，就连电话也无法接通。而当时社会对大数据及高速宽带的业务需求已非常强烈，政府办公、企业报税、商业物流乃至涉及村、居民个人生活等的社会公众网络的日常运行，都要依赖通信公司提供的网络服务来保障。进入春夏之交，该县因频繁停电所造成的光网中断严重影响当地

---

[1] 简称"中国联通"。

⊙ 吴明（右一）应邀为某单位的机房处理技术故障

的社会生活和经济运行。这家慕名而来的该县电信分公司，希望吴明能研发出一种性能可靠又经济实用的后备供电系统，以应对紧急情况。

为了尽快解决问题，吴明及其团队连夜设计方案，进行紧张的研制工作，后来他们干脆就住在工作室。几天后，第一批样机运到现场进行测试，效果令人满意。随后，工作室又加班加点为该县加工组装一批应急后备供电设备，并派人到现场指导安装调试，直至设备全部正常运行。

在吴明工作室的帮助下，该县因停电造成的光网阻断问题得以圆满解决。该县电信分公司随后宣布：停电已不再对通信构成影响，中国电信将不断以创新的技术和服务为用户提供优质的通信保障。这次，吴明及其工作室为客户解决影响经济社会生活的重大问题，使他们在通信行业设备维护维修领域的知名度也随之越来越高。

自此，吴明通信技术工作室的名声正式打响，其传播之广、赞誉之多甚至超过原来的维修中心。此后，前来参观学习的人员更是络绎不绝，工作室有时一天会接待好几拨来自全国各地通信行业的参观者。仅2011年至2014年的三年间，就有来自29个省（区、市）的3000多人次前来参观学习。

吴明及其团队从不将接待视为负担，反而将其视为向外界学习的宝贵机会。他们认真向参观者请教，虚心学习外界的好思想、好做法、好经验，相互交流、取长补短。这不仅推动工作室自身

⊙ 吴明（左一）正在向前来参观的联通吉林分公司的人员介绍工作室的创新成果

创建工作的深入开展，也在全省乃至全国范围内起到良好的示范引领作用。

# 传承与发展

在创新工作室的前身——维修中心刚刚组建时，面对人员结构复杂、专业技能匮乏的状况，吴明深刻意识到在职学习的重要性。为了迅速提升团队的专业能力，使待业人员尽快上岗，他一人承担起所有人员的理论和实践维修的培训任务。在短短几个月的时间内，他硬是把一支由 20 多名非专业转岗员工组成的队伍，培养成能够独立完成一般维修任务的设备检修团队。这在当时可以说是一个奇迹。

获得省市重点关注的吴明通信技术工作室成立后，吴明更是下定决心，要积极培训自己的员工，使工作室更高效地接入科技创新的轨道，更好地在全省范围内发挥先锋示范作用，带动越来越多的专业技术团队迈入现代化的科技创新队伍之中。为此，吴明从自身的躬行实践出发，冥思苦想，思考出一系列切实可行的办法。

一是开展企业内部培训，引领人才成长。

为了维修中心的长久发展，吴明精心规划了一个为期两年的

⊙ 吴明正在为维修中心的员工上技术培训课

全面学习计划，鼓励员工通过自学不断提升自我。他将自己自学成才的经验无私地分享给每一位同事，从基础知识到专业技能，循序渐进，获得大家的好评。随着工作室的建立，河北省联通公司更是将此地作为企业内部培训师的培养摇篮，指定吴明为首席教员，负责培训公司的管理和技术人员。在吴明的悉心教导下，培训取得显著成效，为企业的长远发展注入强劲动力。

除了本单位和工作室的培训任务外，工作室还承担河北省联通和省内外其他行业的教学培训工作。几年来，工作室成员在进行创新项目的推广应用之外，还多次受邀进行新技术培训和外出教学。他们的足迹遍布省内外，为本企业和其他企业培养了一大批专业技术骨干。

二是亲赴高校开展合作，促进产学研深度融合。

随着工作室影响力和科技创新影响范围的日益扩大，作为带头人的吴明，凭借其深厚的专业知识和丰富的实践经验，被华东交通大学、三峡大学、河北工业职业技术学院[1]等多所省内外高校聘为兼职教授。在高校讲台上，他结合企业实际和个人经历，以风趣幽默的方式传授知识，同时积极推动与高校的联合科研项目，受到师生们的热烈欢迎和高度评价。几年间，他的授课足迹遍布多个省份，累计授课人数超过 8000 人次，为高校和社会培养了大量专业技术人才。

---

[1] 现为河北工业职业技术大学。

⊙ 吴明在受聘为重庆邮电大学客座教授期间，为大学生上课现场

三是深化校企合作，共创科研新篇章。

在受聘为高校兼职或特聘教授的同时，吴明还致力于与高校开展深度合作，共同推进科研项目。在受聘期间，他充分利用高校的科研资源和自身实践经验，带领团队与三峡大学、华东交通大学等高校合作，完成多项省部级以上的科学技术奖和技术发明奖项，发表多篇学术论文，获得多项专利，还共同编写了两部精品教材。这些成果不仅提升了企业的技术创新能力，也为高校科研注入新的活力。

天道酬勤，吴明的杰出贡献逐渐得到国家和社会的广泛认可。2012 年，他被中华人民共和国人力资源和社会保障部授予国家技能人才培育突出贡献奖称号。2013 年，他获得国务院政府特殊津贴，并破格晋升为二级教授、高级工程师。这些荣誉不仅是对吴明个人努力的肯定，更是对他所倡导的"终身学习、产学研结合"理念的最高赞誉。

# 第六章　国之重器

扫码解锁

◉群英颂歌 ◉匠心传承
◉技能强国 ◉奋斗底色

# 成果、榜样、责任

在吴明的带领下，经过几年的不懈努力，工作室实现跨越式发展，服务范围日益扩大，维修项目也随之增多。每天，前来送修和取回设备的车辆与人员络绎不绝，场面十分热闹。

然而，在送修的设备中，数量最多、损失最大的还属每逢夏季雷雨季节时，被雷击毁坏的通信基站设备。这一直是通信行业的棘手问题，雷击后持续一段时间的停电严重影响周边居民的日常生活与用电安全，设备频繁送修也给国家带来超额的经费支出。

除了通信基站设备，工作室还承担许多其他方面的维修业务，经常面临维修任务繁重、无法及时完成的沉重压力。面对这一困境，吴明并未退缩，决心着手解决这个难题。

是什么原因导致频繁的雷击呢？能不能从源头上找出问题，通过预防措施降低故障发生率呢？吴明开始静心思考，并制订阶段性、逐层深入的实地探查计划。

实践出真知。为了找出症结所在，吴明带领团队，深入最易遭受雷击的省内沿太行山山脉、燕山山脉的高山基站和承德、张家口所在的坝上地区基站，进行一年多的实地调查和数据分析。

他们发现，现有的通信基站所执行的防护标准，大多采用以 SPD 器件为主体的三级分层式防雷浪涌的设计结构，将直击雷设定为主要防护对象，其防护底限的阈值电压一般都设计在 2500V—3000V 以上，而对于 500V—3000V 区段的二次雷击感应电压的防护则存在明显不足。

实际测试数据显示，这一区段的二次雷击感应效应对基站所形成的危害，竟占据全部雷击危害的 90% 以上。同时，对于地电位反击的危害防护，除了一般的接地装置外，其他形式的防护措施在基站工程设计中几乎被忽视，形成事实上的防护空当。这正是导致通信基站大量被毁的根源所在。

在后续的现场调研中，吴明又在多个被毁基站现场发现新情况。经过深入的数据分析与研判，他确认了一个重大的技术发现：直击雷并非影响基站安全运行的主要因素，基站设备真正因直击雷而毁坏的案例极为罕见。相反，90% 以上的基站设备损坏，都是由于防护门限设定过高，导致防雷设施在雷击时未能及时启动所致。

反复研究这一阶段的调研报告后，吴明深刻认识到：从前，我国移动通信技术全部自国外引进，防护标准也照搬国外样本，却忽视我国特殊的地理环境和气象条件。因此，他提出必须因地制宜，采用新的防护手段和执行标准。

⊙ 吴明（左一）到经常发生雷害的高山基站，实地调查产生危害的原因

为准确地确定我国高山基站的雷害防护标准，吴明带领工作室成员多次往返于三峡大学、重庆邮电大学、华东交通大学等高校，寻求合作与支持。最终，他们与这些高校建立校企联合科研团队，共同开展科学研究。通信基站应对综合危害的系统解决思路逐渐清晰，研发进程也大大加快，困扰通信行业多年的关键技术难点，在他们的辛勤努力下似乎即将被攻克，胜利在望。然而，问题的最终解决，似乎还需要一个契机。

在尚未找到切实可行的解决方案之前，吴明几乎每天都在各个调研现场和高校实验室间来回奔波，几乎很少回家。

在一次难得的假期里，吴明却意外地在家中遭遇突如其来的雷暴。当看到家人在雷暴初现端倪之时，第一时间切断家中的电源，吴明的脑海中于霎时间迸发出灵感的火花：既然提前断电能够有效防止家庭住宅免受雷击之害，那么，为何不能将此原理拓展应用，借助先进的气象监测技术，实现对通信基站的前瞻性断电保护，从而确保其安全呢？

这个念头一萌生，吴明当晚便开始坐立难安，辗转反侧地思考此后的一系列策略。次日清晨，晨光初破晓，他便迫不及待地踏上前往团队所在地的路途。

在紧急召开的探讨会上，吴明和一众专家、研究员共同分析实践这一防护策略的可能性。他首次提出根据国家气象部门提供的雷电活动的周期规律，事前动态自动检测并切断动力供电，待危害消除后再自动恢复常态的事前主动性检测拦截技术。

⊙ 吴明（左三）和团队成员在基站现场对科研成果进行调测

会后，吴明结合我国各地通信基站的地理环境、气象条件、网络覆盖以及设备运行状况等主客观因素，综合分析我国不同地区二次雷击感应效应、地电位反击等危害现象的特点和发生规律，研发能够同时应对各种综合危害的 HCC 系列化"通信基站电源系统应对综合危害的防护技术"的防护产品。

这些产品首先在以往遭受雷害最为严重的几十个高山基站上开始试点运作，全部取得良好效果，故障发生率大幅度降低96.36%，防护效果尤为显著，最终使长期困扰通信行业的"老大难"问题得到有效解决。

2011 年 2 月，该成果经工信部通信科学技术委员会专家评审会认定，其中三项核心技术创新属于"重大技术发现"和"重要技术创新"，具有自主知识产权，属于国内首创。同年 11 月，该成果荣获全国职工优秀技术创新成果二等奖，吴明也因此被授予全国五一劳动奖章。

表彰大会在北京人民大会堂隆重举行。当吴明站在领奖台上，从党和国家领导人手中接过红彤彤的奖牌和获奖证书时，他不由得再次感慨万分。他曾在这里参加全国劳模表彰大会，亲耳聆听中央领导人的讲话，周遭的一切恍若昨日重现。

环顾四周，熟悉的场景唤醒吴明深藏的记忆：彼时彼刻，那句铿锵有力的誓言——"持续创新发展，不断开拓前进"，不由得再次在吴明的脑海中回响。这句励志的感言，犹如晨曦之光，照亮着他前行的道路。

⊙ 吴明（左二）和团队成员在人民大会堂接受颁奖

截至 2020 年，该项目已开发出 3 个系列共 12 个产品规格的定型产品，全部通过工信部通信设备产品质量检测，并获得 5 项国家专利及 7 项省部级以上的"科学技术进步奖"。这一科学技术领域的创新成果，已经迈入国家级水平行列，为通信行业的安全防护提供有力的技术支撑。

# 从试点走向应用

几年间，吴明携其工作室成功研发并逐步完善"通信基站电源系统综合危害防护技术"，并配套开发出一系列相应的防护产品。自 2013 年起，这项技术逐渐在全国范围内得到推广。

该技术有针对性地选取唐山、承德、石家庄及张家口等地的 136 个高山基站进行大规模实地安装应用，均取得显著成效。基地设施的故障发生率足足降低 96.6%，极大地降低维护成本，有效保障国家通信网络的稳定运行。

坐落在四川省西部的雅安、甘孜、康定等高海拔山区，是我国雷害最为严重的地区之一，常年遭受持续性的雷雨天气的困扰。自然灾害频发严重影响当地通信网络的正常运行，每年因雷击导致的设备维护费用就高达数十亿元，这成为困扰当地通信运营商的难题。于是，当得知吴明的创新成果能够解决这一"顽疾"后，

⊙ 吴明正在对铁塔顶端的天馈线系统进行网优数据测试

他们纷纷发来求助信息，希望吴明和他的团队能够伸出援手。获悉此番困境，吴明毫不犹豫地决定伸出援手，应允了他们的请求。

2013年8月，吴明工作室受邀前往四川省西部的高海拔山区，在雷电最为肆虐的季节，对216个因雷击频繁而被迫停机的基站进行防护设备的试点运行。令人惊喜的是，这些基站在此后的雷雨季节中再未发生因雷击导致的设备损坏事故，这一成果让当地的运维人员赞叹不已。随后，该技术的安装应用范围进一步扩大，至今仍在为通信畅通和地方经济发展贡献力量。

我国海南省的海口和三亚等沿海地区，也是饱受雷害侵袭的重灾区之一。当地中国移动、中国联通和中国电信等通信运营商的通信基站，更是常年饱受雷害侵扰，设备故障频发，严重影响移动通信网络的正常运行。

2014年，吴明和他的团队应邀来到海南省。他们因地制宜，结合当地山高多雨、强雷暴和气流变化不稳定的特殊气候条件，对"通信基站电源系统应对综合危害的防护技术"成果进行相应的升级改造，使其更适应海南当地的特殊气候状况。

在海南，吴明和他的团队共安装改造防护设备300多套，基本杜绝雷害的影响。此后，当地的基站设备极少出现被烧毁的情况。

设备安装期间，吴明在海南一个偏远海岛的工作经历给他留下深刻印象。这个海岛面积不大，仅有几平方公里，距三亚约10海里的距离。岛上建有一座通信基站，基站的电源主要靠柴油发

⊙ 2014年8月，吴明在海南三亚某海岛基站对新成果进行安装调试

电机供给。全岛不足1000人，其中一半是驻军。岛上的居民主要依赖这座通信基站进行对外的通信交流，一旦基站的设备因雷击受损，岛上的对外通信联系就会中断。以往这种情况发生时，由于交通不便，维修人员很难及时到位；若不巧赶上台风，岛上的人们有时甚至十余天无法与外界取得联系，只能困在原地等待救援。

当吴明等人搭乘部队的交通艇前往这座海岛进行设备安装时，恰逢台风即将来袭。如果即刻随运输船返回三亚，等待台风过后再返回登岛，最少也要半个月的时间。为了及时解决问题，吴明最终选择留在海岛，他要争取在台风到来前完成防护设备的安装调试，以便在现场亲眼见证自己研发的防护装置在台风和雷暴这种极端恶劣的天气下的防护效果。若防护失败，他也能立即检查设备状态，并分析还需要做哪些改进。

这座海岛的基站采用太阳能与蓄电池组互补的供电方式，其外链传输则依赖于与岛上地面卫星接收站相连的波导技术，无缝对接国内移动交换网络。值得注意的是，为抵御台风，岛上的建筑海拔不能过高，因此岛上最高耸的设施——基站天线仅高约 10 米。为适应这一特殊状况，该基站特别配置"引雷入地"的防护系统，以应对雷雨季节的潜在威胁。然而，面对强大的自然力量，"引雷入地"系统的作用微乎其微。当雷雨频发的季节到来时，当地工作人员只能选择关闭基站，以避免雷击造成重大损害。因为任何一次雷击都可能直接导致设备的突发瘫痪。

设备安装完成的次日，台风便如期而至。吴明及其团队成员留守在海岛招待所内，透过窗棂凝视着外面倾盆大雨与狂风肆虐的景象，心中时刻牵挂基站的安危。

几小时后，待台风势力稍减，他们立即赶往基站检查设备状态。经过全面检查，吴明欣慰地发现：所有设备均运行正常。在台风肆虐期间，防护系统成功触发3次保护机制，有效抵御3次过压危害源的侵扰。若没有吴明团队安装的"通信基站电源系统应对综合危害的防护技术"设备，基站恐难逃被烧毁的命运。

此次台风天气的考验下，防护设备的卓越表现让吴明及其团队备受鼓舞。随后，他们受邀在海南为多家通信运营商的基站安装这一新型防护设备，共计500余台，遍布全岛，为通信基站的安全运行提供坚实保障。历经岁月洗礼，这些设备至今仍在我国漫长的海岸线上稳定运行，为当地社会、经济与国防事业的蓬勃发展注入强大动力。

实践再次证明，吴明的发明是一项"以小成本形成大保护"、效益显著的科技创新成果，对于确保通信信息网络的安全稳定运行具有不可估量的价值与意义。

# 来自古长城上的遐想

随着吴明研发的"通信基站电源系统应对综合危害的防护技术"在全国范围内的广泛应用，吴明及其团队仿佛被一支不断拧紧的发条驱动着，夜以继日地奔波于省内外的基站安装现场。

这些基站多位于偏远的高山旷野之中，这意味着他们须背着沉重的设备与工具，日复一日地穿梭在崇山峻岭、峡谷沟壑之间，体力消耗巨大。每天工作结束后，大家都疲惫不堪，早早入睡，次日清晨又精神抖擞地继续投入工作。起初，团队间还偶有欢声笑语，但随着时间的推移，工作变得单调而机械，成员之间的言语交流也逐渐减少，只剩下埋头苦干的身影。

吴明对此深感忧虑。尽管团队成员从未抱怨过苦与累，但他深知营造一个好的工作环境至关重要。如何把工作环境变得欢快和谐，让大家在紧张的工作中能享受到生活的快乐、感受到关爱，营造一个苦中有乐、累中有笑的工作氛围呢？为此，吴明连续数日陷入沉思……

终于，他做出一个让所有人感到振奋的决定。在征得上级领导的同意后，吴明向成员们宣布：今后，凡前往偏远高山基站实施创新项目安装作业，无论在省内还是省外，只要条件允许，团队成员在保险齐全、身体健康、车辆状况良好的前提下，皆可自带车辆、家人及孩子一同前往。途中产生的所有费用由工作室承担，并额外提供出差补助。

事实证明，这项福利不仅解决了以往外出作业时车辆和人员不足的问题，还大大降低总费用，提高了工作效率。

2016年的某一天，吴明和他的同事在河北省燕山山脉的主峰——雾灵山至金山岭一线的承德金山岭长城基站完成安装任务后，顺势登上长城。而那一带正是古长城风景最为秀丽、原始状态保存最为完善的一段。

彼时正值下午五六点钟的傍晚时分，是长城风景最美丽的时候，也是登长城的最好时机。太阳即将下山，白天的酷热也渐渐消散。晚霞的迷人光芒蔓延山野，到处都是金灿灿的一片，连人脸都被映成橘红色。

行走在蜿蜒的长城上，吴明心中洋溢着一种说不出的感受。他极目远眺，只见晚霞如织，温柔地铺洒在连绵的山峦之上，将长城与周遭的广袤土地一同染成绚烂的橘红色，宁静而炽烈，让人仿佛置身于一片燃烧的火焰之中。他不由自主地伸展双臂，去感受这份震撼心灵的壮美。

不同于北京八达岭长城景区的喧嚣与拥挤，河北省境内的长城段，尤其是雾灵山至金山岭这一段，因山高路险、位置偏远而

⊙ 吴明（右）和他的团队成员在金山岭通信基站进行创新成果安装途中

鲜有人迹，从而得以保留下一片近乎原始的荒野风貌。这里宛如一片不受尘世打扰的秘境，静候着每一位渴望探索与喜爱自然之美的旅人。或许正是这份偏远与人迹罕至，使得这片古老的长城得以完整保存至今。

而此刻眼前的中国联通雾灵山主峰通信基站，是吴明团队的一处关键试验场地，在他们的工作生涯中扮演着举足轻重的角色。它不仅肩负着 3G、4G、5G 移动通信和光数据传输重任，还确保方圆 50 公里内的信息交流畅通无阻，更为中国科学院国家天文台兴隆观测基地提供坚实的通信支撑。然而，由于此处地形险峻，该基站频繁遭受雷电侵袭，导致通信经常中断。因此，"通信基站电源系统应对综合危害的防护技术"的创新成果，选择这里作为首次试点，还在这里实测收集了大量的关键控制数据。

吴明还记得，设备的第一次启用就发挥了良好的防护效果，他当时十分激动。这个基站吴明已来过数次，对于每一条细微的技术数据都很熟悉。后期每当发现问题时，他都会亲自赶回来处理，以保证不留下一丝一毫的潜在隐患。

此时，目睹团队成员们洋溢着欢乐与满足的笑容，吴明难得地放慢脚步，沉浸于眼前的壮丽景色中。安装工作完成之后，他独自在山巅驻足良久，深情地凝视着那座正稳健运行的基站，心中涌动着骄傲与温情，如同看着自己亲手培育成长的孩子。此时已 59 岁的吴明深知，随着退休时间的临近，自己或许再难踏上这片土地。但这里的每一寸山地、每一座基站，都镌刻着他的汗水与情感，成为他生命中不可分割的一部分。他对这片土地和这里的人们，怀有深深的眷恋与不舍。

# 创新无止境

2011 年 7 月 1 日，中国联通公司在北京隆重举行庆祝中国共产党成立 90 周年大会，并通过视频连线的方式，将大会盛况实时传递给遍布全国的各个基层单位，共同见证这一历史性时刻。

作为中国联通公司的优秀共产党员的杰出代表，吴明受邀在大会上作了以"创新无止境，再攀新高峰"为主题的发言。在会上，他满怀深情地追溯自己的成长足迹，生动讲述自己面对挑战是如何勇往直前、刻苦钻研、不懈追求，最终取得一系列辉煌成就的宝贵历程。演讲结束后，吴明更是慷慨地公布了个人联系方式，表达了与全国联通同人深化沟通、携手前行、共创辉煌未来的热切愿望。

吴明的发言在公司上下引起强烈反响。大会刚结束，他就接到来自全国各地的技术咨询电话，其工作室也迎来络绎不绝的参观者。鉴于参观者数量庞大，河北省联通公司不得不特别抽调专人负责接待工作。

然而，面对接踵而至的荣誉和赞誉，吴明却表现得异常冷静。

⊙ 2011年7月1日，吴明在中国联通公司庆祝中国共产党成立90周年大会上发言

他并未将荣誉放在心上，而是将目光投向另一个亟待解决的技术难题——通信基站的高电耗问题。

长期以来，通信基站的高电耗问题一直是困扰我国通信行业的顽疾。尽管吴明已经成功攻克部分通信基站的防雷难题，但高电耗问题至今仍未得到有效解决。

要解释清楚这个问题，还得先从通信基站的运行原理谈起。通信基站作为我国数量庞大的基础通信设施之一，如今在全国范围内已有约1200万个，全部处于无人值守的密闭环境中。基站内部配备电源设备、无线信号收发装置及光信号传输设备等。这些设备需全年不间断运行，是基站内部温度超标的主要源头。依据工信部制定的基站环境标准，基站内部温度需严格控制在24℃—28℃之间。然而，由于基站内部空间相对封闭，热量难以得到有效散发，致使基站内部温度常常超出安全范围。

为确保基站内部温度达标，基站通常需要配备一到两台功率超过3千瓦的大型空调进行强制冷却。由于设备产热量过大，即便在寒冷的冬季，基站内仍需使用常开机的空调以维持适宜的工作温度。长此以往，空调的能耗已远高于基站内部其他所有设备的总和，成为基站最大的功耗设备。据统计，其用电量占整个基站的52.6%，年均电费耗损约为1万元，相当于4吨左右的燃煤消耗量。全国每年由此产生的电费高达500多亿元，相当于2000多万吨的燃煤消耗量。

仅仅是设备散热这一项，就给国家财政造成巨大的负担。国家能源局的统计数据显示，我国电信运营商的最大运营成本就是电费，其中大部分是通信基站产生的费用，而通信基站的主要电耗就是基站的空调设备。这一问题长期以来一直没有得到妥善解决，是我国通信行业长期存在的突出技术难点。

近年来，随着我国环保压力的急剧上升，国家对运营商的节能减排要求，尤其是电能消耗的指标控制，日益严格。在此背景下，如何在保障通信事业持续发展的同时，有效降低基站能耗，已成为我国各大通信运营商必须承担的社会责任与历史使命。

作为通信行业科技创新一线的工作人员，吴明内心深感自己必须有所作为。但长期以来，他率领团队经历长时间的思考与探索，却始终未能寻得一个理想的解决方案。他朝思暮想，埋头苦干，接连提出大量解决方案，但又被一个个推翻。半年过去了，由于始终没有找到理想的解决方案，吴明和团队陷入迷茫。

世上无难事，只怕有心人。柳暗花明的契机出现在2013年8月的一天。当天下午5点多，吴明在承德围场的一处高山基站完成设备安装任务，和成员们在山顶稍事休息后正准备下山返回。这时，大家纷纷被眼前如诗如画的乡村景致深深打动而驻足。就在此时，吴明的灵感也被意外激发了。

此刻，绚烂的红霞温柔地拥抱着广袤的绿野，山脚下，一条小河悠然曲折地潺潺流过。一群纯真的孩童正赤足嬉戏于波光粼粼的河水中，水花中迸溅着欢声笑语。河岸旁翠绿的草地上，牛羊悠然自得地咀嚼着青草，零星小花散落于这幅自然画卷之中，为其添上几分宁静与和谐。而远处村落的袅袅炊烟缓缓升起，如同轻纱般缭绕。

就在大家齐声赞叹美景时，吴明突然用手指着农户屋顶上的烟囱中冒出的缕缕炊烟叫起来："有办法了！我们这大半年苦苦思索的基站节能问题有解了！"

原来，吴明通过农户屋顶上向上飘动的炊烟联想到：可以利用热气流向上运动的原理，在基站上方沿铁塔架设通风管，为基站内的热源建立一条气态湍流通道。通过这条通道，室内外的冷热空气可以自动流动并完成置换，使基站内的温度与室外的自然环境温度趋于一致，从而实现不消耗电能的自然降温。

吴明向众人解释道，基站节能的关键就在于有效排出站内设备长年累月运行所累积的热量。当前，基站因密封性良好导致热量难以自然散发，因此不得不依赖空调设备进行强制制冷。而观察农户屋顶袅袅升起的炊烟，我们不难联想到一个物理原理：热气流具有向上运动的特性。基于此，我们可以巧妙地利用热气流上升及不同高度空气密度差异造成的质量分布不均的原理，于基站上方沿着铁塔巧妙架设一条通风管道，为基站内部的热源构建一条"气态湍流"的释放路径。这条通风管道的高度越高，其抽吸效应便越显著，能够促使室内外冷热空气——两种不同密度与温度的湍流实现自然对流。

通过这种方式，室外冷空气与室内热量能够在高度差的作用下实现置换，进而使得基站内部的温度与室外的自然环境温度达到基本一致，从而在完全不依赖电能消耗的前提下，实现 24 小时循环通风，达成利用自然环境降温的目标。

听完吴明的详尽阐释后，众人豁然开朗，一块长久以来压在心头的巨石终于落地。正所谓"踏破铁鞋无觅处，得来全不费工夫"，谁也没有料到，这个长期困扰通信行业的技术难题，竟在这偏远的山沟里找到破解之道。

随后，吴明正式将这项研究项目命名为"基于仿生流道的自然通风技术在通信基站的研究与应用"，并携手前期在"通信基站电源系统应对综合危害的防护技术"项目中合作过的几所大学，围绕仿生流道自然通风的热源运动理论、铁塔载荷能力评估、自然风能温度密度的计算机仿真模型等核心技术要点展开深入研发。

针对当前通信基站自然冷源降温设计的短板，他们开创性地提出采用仿生流道的基站用自然冷源降温策略，旨在完全依靠自然力量实现基站环境降温，从而大幅度削减电能消耗，实现真正的能耗节约。这一策略在国内基站节能领域尚属首创，更是直接摒弃了基站高能耗的空调设备。

在此基础上，研发团队进一步对基站发热源的散热特性和气流通道进行深入的理论分析，并对铁塔安装通风管后的承载安全性进行精确测算和论证，成功构建通信基站热动力学的完整构架模型。结合通风系统结构优化设计方法，他们从理论上验证了基站采用自然冷源降温的合理性和可行性，以及铁塔承载通风管的可靠性和安全性，从而确认仿生流道自然通风节能技术的实际可行性。

此外，他们还研发出一套具备自动进风除尘和滤尘功能的智能系统，完美适配通信基站无人值守的维护需求，有效解决了当前基站新风节能设备存在的进风滤网需频繁人工清洗、寿命短、后期维护量大等突出问题，使这项技术更加适用于通信基站无人值守的实际情况。

经过两个多月的努力，第一批样机成功问世，并首先在河北联通晋州基站进行试点应用。该基站作为城市运行中的重要节点，设备密集，发热量大，夏季需依赖两台 3 千瓦的大功率空调进行降温，年均电费支出超过 2 万元。

试点效果令人振奋。通风管安装完毕后，基站内的热气流迅速被上方架设的玻璃钢通风管抽走，同时，外界的自然冷空气被吸入基站，使得基站内部温度与外界保持一致，满足设备温控需求。整个过程完全依赖自然风能自动完成，成功取代高能耗的空调设备，实现基站降温控制的零电耗。

随后，吴明及其团队对"基于仿生流道的自然通风技术在通信基站的研究与应用"项目进行三次重大的技术升级和改进，为项目的广泛推广应用奠定坚实基础。

2015 年 8 月，全国首个完全利用自然能运行的 5G 通信基站由中国铁塔股份有限公司在石家庄西里街道建成。这座基站的 5G 设备供电由基站顶部的太阳能极板提供，基站的环境降温采用吴明研发的"基于仿生流道的自然通风技术在通信基站的研究与应

⊙ 2012年11月17日，首个完全利用自然能实现通信基站环境降温控制的试点基站在晋州市建成，标志着长期困扰通信行业的高耗能难题被有效解决。图为吴明（下）在施工现场

用"成果设备。此次基站建成标志吴明所创造的项目实现巨大飞跃。

吴明发明的这项技术，凭借其经济、实用、高效、结构简单、安装便捷、维护简便等显著特点，迅速赢得市场认可。这项创新以最简单的技术解决了最棘手的问题，一经问世便受到行业内外的高度评价，被认为是目前解决通信基站节能降耗问题的最科学有效的创新之一，具有重要的经济和社会价值，推广意义深远。

为支持这一创新成果的研发，中国联通于2013年将其列入专项科技发展项目并给予资金支持。次年，中华全国总工会也将该项目纳入全国职工创新项目支持计划并进一步提供资金支持。2014年，在吴明通信技术工作室基础上成立的吴明劳模创新工作室被中华全国总工会命名为首批全国示范性劳模创新工作室。

作为中国联通唯一一个获此殊荣的团队，吴明等人并未因荣誉而懈怠，反而更加努力地发掘在实施创新项目过程中暴露的问题和设计缺陷，决心以更大的干劲、更严谨的科学态度去改进和完善项目，以适应实际生产和社会发展的需求。

在研发过程中，吴明团队还特别注重保护知识产权，共申报并取得授权的发明和实用新型专利14项，实现对成果技术的全面覆盖，为后期研发成果的规范化和市场化推广应用奠定坚实基础。

"基于仿生流道的自然通风技术在通信基站的研究与应用"项目研发成功后，凭借其成本低、见效快、安装容易、维护简单等突出特点，迅速在全国通信基站得到广泛应用，取得显著的经济和社会效益。由于应用数量庞大，实际效益数据已难以精确统计。

⊙ 2014年11月，吴明劳模创新工作室被中华全国总工会命名为首批全国
　示范性劳模创新工作室

⊙ 2016年，吴明（中）的项目成果荣获河北省第四届创新创业大赛暨第
 五届中国创新创业大赛（河北赛区）一等奖

该项目共获得省部级以上的科学技术和技术发明奖 12 项，并在 2016 年举行的河北省第四届创新创业大赛暨第五届中国创新业大赛（河北赛区）决赛中荣获一等奖。

目前，吴明研发的利用自然通风实现通信基站降温控制的创新成果，已在我国大范围推广应用，并产生显著的经济和社会效益。该成果还被全国政协委员作为节能减排的提案举例在两会期间提出。

如今，在我国，凡是看到沿通信铁塔架设通风管的基站，基本都是吴明这项创新技术的应用实例。这些通信基站还经常被一些中小学学校作为科普启蒙的教学基地和范例，组织学生参观学习。

2017 年，吴明达到法定退休年龄，依依不舍地告别他深爱的工作岗位。

⊙ 吴明（右）正在同团队成员一起研究技术改进问题

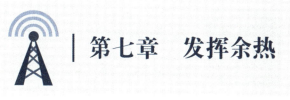

第七章 发挥余热

扫码解锁

◉ 群英颂歌  ◉ 匠心传承
◉ 技能强国  ◉ 奋斗底色

# 重返学校，再登讲台

　　吴明的成长史，是一部卓越的爱岗敬业奋斗史。他如同一位"多面手"，在各个领域都留下前进的足迹。无论是作为军人、军校教员，还是电信行业的精英，吴明都展现出非凡的才华与卓越的能力，每一项工作都干得出色，令人瞩目。

　　作为昔日杰出的军校教员，吴明曾在教学的舞台上挥洒无数汗水与心血。他深知教育的重要性，始终秉持"学高为师，身正为范"的教育理念，以身作则，言传身教，为学生们树立良好的榜样。在部队和军校的岁月，不仅锤炼了他的专业素养，更培养了他对教育事业的深厚热爱。即便后来转业踏入电信行业，这份热爱依然如影随形，成为他前行道路上不竭的动力源泉。

　　在维修中心的讲堂上，吴明的教学特长得以充分施展。在职工岗位教学、新技术新业务知识讲座以及技能人才培训等多个领域，他的教学特长都得到充分发挥。他孜孜不倦，勤勉工作，致力于提升团队的专业技能与综合素质，为行业的发展贡献自己的力量。

2012 年，凭借卓越的贡献与杰出的成就，吴明被授予国家技能人才培育突出贡献奖。这一荣誉不仅是对他个人努力的肯定，更是对他的教学能力与对教育事业的追求的崇高赞誉。

吴明被全国七所高校聘为特聘或客座教授，将自己的知识与经验无私地传授给更多渴望成长与进步的青年学子。同时，他还积极参与社会各界举办的各类科技创新讲座、培训以及公益授课活动。这一切，都源于他对昔日教学舞台的深深怀念与眷恋，那份对教育事业的热爱与执着，始终激励着他不断前行，为社会的进步与发展贡献自己的力量。

吴明心中始终怀揣着一个梦想，那就是在退休之后能够重返那熟悉而又神圣的三尺讲台，成为一名光荣的人民教师，继续将自己的光和热奉献给下一代，陪伴他们成长。

终于，在2020年8月，吴明的梦想照进现实。石家庄理工职业学院下发聘书，邀其担任全职教授。从此吴明再次进入教师队伍。

那一天，在学院师生的共同见证下，吴明郑重地从院长手中接过聘书，心情无比激动。他明白，这份荣誉不仅是对他过去努力和成就的认可，更是一份对未来新事业的期许。从那一刻起，他就将自己的心，同学院和全体同学连在一起，担当起精心培育下一代的神圣使命。吴明暗下决心：以全身心的投入和加倍的努力，走好这一步，向党和人民再次交出一份合格的答卷。

吴明入职后的第一件事，就是将自己在原单位创建的全国示范性劳模创新工作室整体迁移到学院，并按照学院教学实训的要求进行新功能的扩建。他希望通过这个工作室，将昔日的拼搏精神和奉献理念带到学校，并发扬光大。同时，他也希望将劳模的风采和创新意识带入校园，让它们在这里开花结果。

学院为他分配的初始课程是劳动教育。当他拿到教材后，立刻被其中的内容吸引。劳动精神和创新意识的建立与培养，不正是他的人生体验吗？当天，他就初步掌握课程大纲，并迅速形成一套完整、清晰、主题明确的教学计划。他立志要以独特的教学方式，让同学们在这门课程中真正得到收获与提高。

吴明是这么说的，也是这么做的。开课的第一讲，他就带着学生们参观新建成的全国示范性劳模创新工作室，并亲自为他们解说。面对着工作室展览室中的大量图片和科技创新产品，聆听着眼前这位活生生的"劳模教授"现身说法，同学们的内心受到强烈震撼。他们在这里实打实地看到、感受到劳动精神和创新精神，更深刻地理解了其中的内涵。

在劳动教育这门课的整个授课过程中，吴明结合自己的亲身经历，列举大量事例，将课程讲得真实、生动而活泼。他让同学们真正懂得步入大学和社会的第一步是应该明白，学习为了什么以及怎样去学习。这些平时被学生们已听得厌倦的词汇，就这样在他的讲解下变得新鲜、亲切且贴近实际。

课程结束后，同学们纷纷表示收获颇丰，他们的言行举止中也透露出更加懂事、成熟和有上进心的特质。这些细微而深刻的

⊙ 2021 年 10 月，吴明（右三）和石家庄理工职业学院院长（左三）在揭牌仪式上合影

变化，正是吴明一直所期盼的。为此，他满怀信心地计划将这种富有成效的教学方法进一步引入后期的专业课教学中，以期取得更加显著的成效。

在专业课的教学实践中，吴明更是充分发挥自己在通信行业积累的丰富实践经验。他巧妙地运用实例，由浅入深、从多个方向和角度剖析理论知识，将原本抽象晦涩的专业理论课程讲解得生动易懂、引人入胜，深受同学们的喜爱。

为响应"实实在在地把教育搞好"的号召，吴明身体力行，在学校各级领导的支持下，积极创办"创研实验班"，旨在带领青年大学生闯出一条符合高职教育特色的人才培养新路。

年过六旬的吴明就这样独自一人承担起实验班的理论教学和实训、实操的全部教学工作。一个学期过后，创研实验班的教学取得良好效果，学生的学习自觉性和对未来发展的自信心明显增强。这项在很多人看来不可能完成的工作，在吴明的执着坚持下取得成功。班里的学生逐渐掌握自学方法，明晰学习的目标和发展方向，更重要的是从中感悟到劳模的拼搏精神和勇于克服困难的坚强意志。

在劳模创新工作室中，吴明亲自指导学生实习，将理论知识与实践操作紧密结合，为学生的职业生涯铺设坚实的基石。他的无私奉献与不懈努力，不仅赢得学生的深深敬爱与拥护，更为学院的教育事业增添新的生机与希望，成为优秀的教学表率。

"能到职业院校发挥余热，是我人生中的一大幸事，"望着眼前朝气蓬勃的学生，吴明的话语质朴真挚，"我要尽己所能，助力学生飞得更高、走得更远，为国家信息通信行业的创新发展作出贡献！"

# 独木不成林

2022 年 4 月，吴明所在的工作室被河北省教育厅列入《河北省高等职业教育创新发展行动计划（2022—2025 年）》，标志着这个曾经是中国联通与河北省首个职工创新工作室的荣誉单位，正式以"全国劳模吴明技术技能大师工作室"的名称，迈进融入河北省高等职业教育管理体系的新篇章。这不仅是对吴明及其团队创新成果的肯定与认可，更为全国示范性劳模创新工作室的发展道路开辟新的方向，引领教学、实训和科研一体化的未来发展之路。

"独木不成林。"相互交流借鉴、互相学习，早已成为科技创新工作者和行业领先者的共识。

2023 年 7 月 28 日，备受瞩目的第二届大国工匠创新交流大会暨大国工匠论坛在北京盛大开幕。

在北京展览馆宽敞的展览大厅内，来自全国五湖四海的劳模工匠代表欢聚一堂。不少劳模已经多次来到这里，遇到老朋友，

⊙ 2023 年 8 月，吴明（左一）在第二届大国工匠创新交流大会期间，向
与会来宾介绍创新成果

大家洋溢着重逢的喜悦，现场一片温馨和谐的氛围。全国总工会从近几年全国职工数万件创新成果中，选取1200件成果，进行现场展示与交流互鉴，旨在激发更多创新灵感与活力。这其中就包括吴明的创新成果。

石家庄理工职业学院的"全国劳模吴明技术技能大师工作室"，作为受邀的荣誉单位，带着他们的创新成果闪亮登场，成为展会上一道亮丽的风景线。

展会上，众多来自全国各地的劳动模范和技术精英纷纷对吴明团队所展示的项目表现出浓厚的兴趣。面对大家的热情，吴明始终保持着高度的耐心与热情，不厌其烦地为他们进行详尽讲解，让每一位来访者都能详细、深入地理解项目的原理和细节。

# 投身公益事业

自踏入石家庄理工职业学院的那一刻起，吴明便将自己与三尺讲台融为一体，全身心地投入教学工作和学院的各项事业之中。除了在石家庄理工职业学院担任教职外，吴明还凭借其卓越的才能与丰富的经验，被多所省内外职业高校争相聘请为"双师型指导工匠大师"。他每个学期的课程表都排得满满当当的，而他却不觉得累，反而说道："这是一种幸福的忙碌。"

　　每次授课前，吴明总是秉持精益求精的态度，认真准备教案，有时，他还邀请同学提前试讲，以及时完成课程内容修正和效果检验。他重视每一个教学中的细节，力求将每一次授课都雕琢成精品。

　　在授课之余，吴明还利用宝贵的休息时间，将自己数十年来深耕电信运维领域的成熟经验和创新成果，经过系统的归纳与细致的分类后，精心编写成一部部创新教材。这些教材不仅凝聚了他的心血与智慧，更因其新颖的视角、通俗的表达和实用的内容，受到所在高校师生的热烈欢迎与高度评价。

　　学生们普遍反映，吴明教授的授课风格独树一帜。他善于将理论知识与实际操作紧密结合，讲解既生动有趣又易于理解。他的课程内容针对性强，其中包含大量源自现场的鲜活案例，这些内容是传统书本上难以寻觅的宝贵财富。对于深入学习和理解信息与通信技术而言，吴明教授的授课无疑起到极大的帮助和推动作用。因此，每当他回到校园授课时，教室总是被慕名而来的学生挤得水泄不通，有时甚至连过道上都挤满席地而坐的求知者，场面蔚为壮观。

　　吴明在石家庄理工职业学院任职期间，除了圆满完成既定的教学任务之外，还不吝奉献出大量宝贵时间，积极投身于各类社会公益活动中，以实际行动践行自己对社会发展的责任与使命。十余年来，他风雨无阻地为省内外数十所中小学提供义务授课服务。通过讲述自身的成长历程及其所体现的劳模精神，他激励和启迪下一代青年追寻并实现自己的梦想。这项"新使命"已然成为他个人工作历程中的一项重要内容。

2023年12月24日，这是一个意义非凡的日子，来自河北高邑县5所中学的20名受助女童，踏进石家庄理工职业学院吴明教授的全国示范性劳模创新工作室的大门。这次活动获得社会基金的慷慨赞助与全力支持，其核心目的在于通过一系列精心设计的讲座与培养计划，为20名女童树立学习的信心，增强成长的驱动力，为其未来的发展奠定基础。

参观完工作室后，众人一同聆听吴明题为"时刻铭记自己的使命"的励志讲座。讲座上，吴明声情并茂，分享自己数十年来的人生经历与感悟。结束时，他将早年上军校时获得的奖励——20本作业本现场题写寄语后，赠予全体受助学生。

岁月如梭，转眼间到了2024年1月1日——新年的第一天。在这个充满希望的日子里，吴明牺牲自己的假期时间，带领就读于当地第一中学的假期留校的"放飞自我、实现梦想"科技创新班的学生，来到有"全国道德模范""党的十九大代表""全国劳模""河北大工匠"等荣誉称号的华北制药集团首席技师齐名的创新工作室，进行一场别开生面的科学实践活动。

在这里，吴明向学生详尽地介绍齐名大师的奋斗与成长经历，分享了他持之以恒、不断学习、拼搏创新的历程。齐名大师对科学一丝不苟的态度、认真负责的精神，让学生深刻感受到劳模精神和工匠精神的崇高品质与深刻内涵，更加坚定了他们努力学习、拼搏向前、放飞自我、实现梦想的信念。

　　无论是军人、教师还是技术工作者，吴明都做到了扎根奉献，践行着"干一行，爱一行"的原则。他不仅全情投入，更将自己的个人发展融入时代的洪流之中，紧跟时代的潮流，不断学习、充实自己，并取得斐然卓绝的成就。

　　如今，67岁的吴明仍然站在讲台上，认真地为学生授课。回到教学岗位，是他为自己的职业生涯画上的圆满句号。当被问到自己在人生中做出的诸多正确选择时，吴明郑重地说："人的智力本无差别，能走得更远，关键在于内心的磨砺与意志的坚定。无论涉足哪个行业，都要脚踏实地、勤勉苦干，倾注心力深入钻研，同时要勇于开拓创新。如此，任何艰难险阻都将迎刃而解，难题终将被我们一一攻克。"

　　岁月如歌，它低吟浅唱，记录着每一个奋斗者的足迹。在科技创新这条漫长而曲折的征途上，吴明的汗水不曾停歇，细心浇灌着心中那颗曾经稚嫩的种子。时光流转，如今这些种子已长成参天大树，蔚然成林，挺立于天地之间，见证着岁月的更迭与时代的变迁。

　　对工作的极致追求，对细节的无限关注，以及面对困难与挑战时坚定不移的毅力与决心，共同造就如今的吴明。在科技日新月异的当下，他用自己的双手和智慧，书写关于匠心、创新与奉献的华章，激励后来者继续在各自的领域里深耕细作，共同推动社会向前发展。